Andreas Korte · Karin Huber

Delphine und Wale

IHRE BOTSCHAFT UND IHRE ESSENZ

Gesundheit & Entwicklung

Impressum:
1. Auflage 1999
Schweizer Erstausgabe, August 1999

CH-8202 Schaffhausen, Postfach 85, Fax (0041) 52-6246457
Titelfoto: Michelle Sanglier, Paris
Fotos Rückseite: Bernd Brederlau
Fotos Inhalt: B. Brederlau, A. Korte, M. Renner, M. Matzinger, I. Haug, R. und A. Egger, C. Frischknecht, U. und J. Schätz, Verlag
Scans und Layout: Schrift + Bild GmbH, Weiler im Allgäu
Inhaltliche Gestaltung: R. und J. Egger, T. Speckmann
Druck und Bindung: Westermann Druck, Zwickau

Printed in Germany · ISBN 3-9520830-4-6

Danksagung

Wir danken ganz herzlich Frau Dr. phil. M. Renner für ihr Vorwort, den Beitrag zur Farbe „Blau" und ihre astrologischen Auslegungen. Ebenso danken wir Frau Danièle Laberge und Ireanah Haug. Einen ganz besonderen Dank möchten wir an Günter Haffelder, Cristine Braun und Christl Brucher vom Institut für Kommunikation und Gehirnforschung in Stuttgart für ihren wissenschaftlichen Beitrag richten.

Darüber hinaus danken wir Dr. Chet Snow, Mother Meera, Wallys und Rafael von der Insel St. Martin (Kolumbien), Frau Fischknecht, Dr. Drzymulski, Dr. Cordelia Alber-Klein und vielen anderen, die uns bei der Erforschung der Wirkungsweisen der beiden Essenzen geholfen haben.

Die Autoren

Andreas Korte

ist seit 1984 Essenzenforscher und stellt energetisch gewonnene Schwingungspräparate her. Seine Arbeit ist eine Erweiterung der traditionellen Bach-Blüten durch Essenzen von europäischen Wildpflanzen, Rosen, afrikanisch-kanarischen Blüten, Orchideen aus dem Amazonasgebiet, Kakteen und Pilzen sowie Edelsteinen. Er zählt zu den weltweit bekanntesten Essenzenherstellern und organisierte bereits zwei Kongresse, um der Öffentlichkeit neueste Informationen aus der Welt der Blütenessenztherapie durch die Hersteller selbst zugänglich zu machen. In den letzten Jahren hatte er auf seinen Reisen immer wieder Begegnungen mit Delphinen und Walen und begann, sich intensiv mit ihren Schwingungen auseinanderzusetzen. Das Ergebnis ist die Herstellung der Delphin- und Walessenz, die es vielen Menschen erleichtern kann, sich auf diese faszinierenden Tiere einzustimmen. 1995 gründete Andreas Korte zusammen mit Essenzenforschern aus aller Welt die Internationale Blütenakademie.

Karin Huber

ist Diplom-Psychologin und Autorin verschiedener Veröffentlichungen über Naturfarben. Sie lernte Andreas Korte auf einem seiner Essenzen-Seminare kennen und begegnete dabei Delphinen im offenen Meer. Diese Erfahrung beeindruckte sie so tief, dass sie sich entschloss, mit A. Korte zusammen dieses Buch zu schreiben.

Die in diesem Buch empfohlenen Mittel und Methoden stellen keinen Ersatz für normale ärztliche Behandlung dar. Der Verlag empfiehlt bei gesundheitlichen Störungen unbedingt, medizinischen Rat einzuholen. Die Anwendung der Essenzen gilt der energetischen Harmonisierung und ersetzt keine Medikamente.

Inhalt

KAPITEL V: Wale und ihre Essenz

Sonderteil

Anhang

Vorwort

Es ist einige Jahre her, dass ich aus beruflichen Gründen in ein Dorf am Ufer des Bodensees fuhr, um Andreas Korte zu einem Interview zu treffen. Freunde hatten mir so begeistert von seiner Arbeit erzählt, dass ich neugierig wurde, ihn kennenzulernen. Dieses erste Arbeitstreffen war der Beginn einer langen Freundschaft und intensiven Zusammenarbeit. Andreas überzeugte mich von Anfang an durch seine persönliche Offenheit, sein unermüdliches Engagement für die Natur und die seltene Mischung aus nüchternem Realismus und aussergewöhnlich sensitiven und medialen Fähigkeiten.

Mit leuchtenden Augen erzählte er mir viel von seinen ungewöhnlichen Erlebnissen mit Delphinen und Walen. Die Ausstrahlung dieser faszinierenden Tiere hält mich selbst auch schon seit vielen Jahren im Bann, und ich erinnere mich voller Freude an eine Begegnung mit ihnen an einem Strand in Florida. Immer wieder bin ich davon beeindruckt, dass diese Meeressäugetiere seit Tausenden von Jahren nachweislich Menschen aus Seenot gerettet und ihre freundliche Wesensart trotz allem negativen menschlichen Verhalten beibehalten haben. Leicht hat es der Mensch den Delphinen nicht gemacht: Er hat ihre Lebensgrundlagen durch Überfischung und rücksichtslose Verschmutzung der Meere zum grossen Teil zerstört.

Immer wieder haben uns Delphine atemberaubende Beweise ihrer überragenden Intelligenz geliefert und mit ihrer liebenswerten Art die Herzen und Gemüter von Kindern und Erwachsenen erreicht. Sie sind sehr geduldig und nachsichtig mit Menschen, geben uns ein beispielhaftes Vorbild in ihrem Umgang miteinander und fordern uns mit ihrer spielerischen Fröhlichkeit auf, uns auf sie einzulassen.

Andreas Korte fand durch die Schöpfung der Delph-Essenz den Schlüssel, auf eine neue Art und Weise mit den Delphinen und der von ihnen verkörperten Wesensart umzugehen. Diese besondere Essenz konnte er mit Hilfe von sieben Delphinen herstellen. Sie erleichtert es, uns auf diese Wesen einzustimmen.

Lassen Sie sich überraschen und bezaubern von der Schwingung liebevoller Akzeptanz, die von „Delph" ausgeht und von diesem Buch, das Ihnen ein neues Verständnis des Wesens der Delphine und Wale vermitteln möchte. Nehmen Sie bewusst wahr, welche Rolle diese hochintelligenten und sensitiven Tiere für uns und die Aura unseres Planeten haben. Delphine und Wale können uns zu einem veränderten Umgang mit der Natur und Mutter Erde führen.

Heute kann die Wissenschaft durch neue Erkenntnisse in der Physik Phänomene belegen, die früher als subjektive Wahrnehmung sensitiver Menschen abgetan wurden. Ein wesentliches Instrument dabei ist die von dem Physiker und Psychologen Günter Haffelder entwickelte und seit Jahren erprobte EEG-spektralanalytische Messung zum Sichtbarmachen der Gehirnaktivitäten. Seine Messungen haben eindeutig eine Auswirkung von Essenzen, speziell der Delph- und Wal-Essenz, auf die Gehirnaktivität bewiesen.

Nun wünsche ich Ihnen viel Vergnügen beim Eintauchen in das blau-grüne Element der Delphine und Wale. Diese beiden Farben stehen insbesondere für Herz und Verstand und für die Kommunikation mit der geistigen Welt. Sie stehen aber auch symbolisch für unsere Verbundenheit mit dem Element Wasser, aus dem das Leben kommt – die Urheimat aller Schöpfung und der Lebensraum der Delphine und Wale.

Konstanz, Dezember 1997 Dr. phil. M. Renner

Einleitung

Kaum ein Mensch kann sich dem Charme und der gewinnenden Zutraulichkeit von Delphinen verschliessen. Kinder sind begeistert und Erwachsene werden wieder zu Kindern, wenn sie sich der Zärtlichkeit und der humorvollen Art dieser charismatischen Geschöpfe öffnen. Viele Menschen können ihre Gefühle schwer beschreiben, die sie bei einer Begegnung mit Delphinen erleben. Die Heiterkeit und Anmut der Tiere berühren scheinbar ein tiefes Empfinden. Sie vermögen uns im Innersten zu erreichen und lösen Gefühle von Euphorie aus bis hin zu heilsamen und verwandelnden Erkenntnisprozessen.

Delphine sind geistig hochentwickelte Wesen, die mit dem Menschen in uralter Freundschaft verbunden sind. Für viele Menschen sind sie, im Übergang zu einem neuen Jahrtausend, zum Symbol des beginnenden Wassermann-Zeitalters geworden: das Zeitalter eines neuen Bewusstseins, auf dessen Frequenz Delphine und Wale nach dem Empfinden vieler Menschen schon schwingen. Die Transformation des Menschen zum Sprung in neue Bewusstseinsebenen beschleunigt sich zusehends. Alte Blockaden und Gewohnheiten loszulassen ist eine wichtige Voraussetzung, um diese Entwicklung zu ermöglichen und für neue Aufgaben offen zu sein.

Dieses Buch möchte nicht nur die Bedeutung von Delphinen und Walen auf dem Weg ins Wassermann-Zeitalter vermitteln, sondern lädt auch dazu ein, direkt an der faszinierenden Energie der Delphine und Wale teilzuhaben: einer Energie, die von persönlichen Ängsten erlösen und deren Frequenz die Eigenschwingung des Menschen erhöhen kann. Die Manifestation dieser Energie in Form der Delph- und Wal-Essenz ist eine Hilfe auf diesem Weg. Sie ermöglicht die gefühlsmässige Einstimmung auf die Delphine und bringt den Geist dieser wunderbaren Geschöpfe nahe, auch wenn eine reale Begegnung mit ihnen nicht möglich ist.

Wir möchten dem Leser und der Leserin dieses Buches die Gelegenheit geben, sich, von verschiedenen Gesichtspunkten ausgehend, auf die Botschaft der Delphine und Wale einzustimmen. So beginnt die Reise mythologisch, im Altertum, in dem Delphine als heilig betrachtet wurden. Beschreibungen über Begegnungen mit Delphinen und ihrem heilenden Potential folgen, bevor wir uns im zweiten Kapitel mit dem Wasser beschäftigen. Wasser hat für das gesamte Thema dieses Buches eine besondere Bedeutung. Zum einen ist es das Element, in dem Delphine und Wale leben, zum anderen ist es die Trägersubstanz für Essenzen. Das nachfolgende Kapitel enthält grundlegende Informationen über Essenzen. Die spezielle Kristallherstellungsmethode von Andreas Korte und dessen Erfahrung über die Rolle neuer Essenzen für die geistige Entwicklung des Menschen finden hier besondere Berücksichtigung. Im vierten Kapitel geht es dann ausschliesslich um die Delph-Essenz, ihre Entstehungsgeschichte und Anwendungsmöglichkeiten. Neben ganz persönlichen Erlebnisberichten werden hier auch objektive wissenschaftliche Wirkungsphänomene dargestellt. Das letzte Kapitel schliesslich

beschäftigt sich mit den Walen, den älteren Verwandten der Delphine, und der jüngst hergestellten Wal-Essenz. Im Sonderteil findet der Leser, in alphabetischer Reihenfolge geordnet, interessante Details über die Familie der Wale und Delphine sowie einige zusätzliche Informationen über ihre Biologie und Lebensgewohnheiten, ebenso eine Liste einiger erdender und angstauflösender Essenzen sowie Horoskopbeschreibungen des Herstellungszeitpunktes der beiden Essenzen. Ergänzend findet sich im Anhang eine Adressenliste mit Hinweisen über Delphin- und Walschutzorganisationen.

Ein besonderes Anliegen der Autoren ist es, die Leser gefühlsmässig auf die Energie der Delphine und Wale einzustimmen. Vorschläge zu Meditationen und auch die zahlreichen Bilder – sie alle zeigen freilebende Tiere – sollen hierbei als Anregung dienen.

KAPITEL I

Delphine

Lebendiger Mythos

Die Familie der Delphine und Wale, der Gattung der Cetaceen, ist sehr viel älter als der Mensch, und zwar um mehr als zwölf Millionen Jahre. Tierisches Leben entwickelte sich vom Wasser aus zu Lebensräumen an Land. Evolutionsstudien anhand der Embryonalentwicklung der Delphine und die Analyse ihrer Knochenstruktur liessen die Forscher zu einem höchst interessanten Schluss kommen: Delphine waren ursprünglich Landtiere, die in ihrer weiteren Entwicklung ins Wasser zurückkehrten.

In den antiken griechischen und römischen Mythologien wird von intensiven Begegnungen zwischen Menschen und Delphinen berichtet. Sie halfen Fischern bei ihrer Arbeit, retteten Seeleute vor dem Ertrinken und schlossen Freundschaft mit Menschen. In Griechenland wurden Delphine voller Respekt und Ehrfurcht als göttliches Symbol für die Lebenskraft des Meeres angesehen. Der Begriff Delphin ist eng verwandt mit dem griechischen Wort delphys, das Schoss, Gebärmutter oder Mutterleib bedeutet. Das berühmte Orakel von Delphi geht einer Sage nach zurück auf Apollon, Gott des Lichtes, der Kultur und der Vernunft, der das Orakel der alten Erdmutter Gaia durch ein eigenes Orakel ersetzen wollte. Durch einen Sieg im Kampf mit dem Ungeheuer Delphyne kam er zu delphinischen Energien, konnte sich fortan in einen Delphin verwandeln und bekam zusätzlich den Namen Delphinios, „Delphingott". Sein in Delphi errichteter Tempel wurde zu einer Stätte der Weissagung für Menschen aus nah und fern.

Eros, der Gott der Liebe war einer der bekanntesten mythischen Delphinreiter. Enalos sprang ins Meer, um bei seiner Geliebten Phineis zu sein, die durch einen Orakelspruch verbannt worden war. Beide wurden von einem Delphin gerettet. Arion, ein Meister der Töne, der mit seinem Gesang göttliche Kraft zu beschwören vermochte, wurde ebenfalls von einem Delphin vor dem Ertrinken gerettet. Von Räubern bedrängt, hatte er sich auf einer Schiffsreise über Bord ins Meer gestürzt, worauf ihn ein Delphin auf seinem Rücken wohlbehalten zu seinem König zurückbrachte. Jupiter erhob daraufhin den Delphin in den Himmel und gab ihm neun Sterne, die fortan das Sternbild des Delphins bildeten. Auch im Totenkult des antiken Griechenland hatten Delphine eine wichtige Bedeutung. Ihre Aufgabe war es, die Seelen der Verstorbenen zu den Inseln der Seligen, dem Land der Toten, zu begleiten.

All diese Sagen und Mythen berichten von Fürsorge und Freundschaft zwischen den Delphinen und den Göttern und Menschen, mit denen sie im Meer schwammen oder die sie aus Seenot retteten. Immer waren es positive Eigenschaften, die Delphinen zugeschrieben wurden: Klugheit, Schönheit, Lebensfreude, Harmonie, Stärke, Freiheit, Liebe zur Musik, Treue und Loyalität. Sie galten als heilig, als Götter der Meere und wurden in hohen Ehren gehalten. Wer einen Delphin absichtlich tötete, hatte sein Leben verwirkt. Noch im Jahre 700 v. Chr. wurde zur Zeit des dorischen Tarentums über einen ausgeprägten Delphinkult berichtet.

Die Schamanen der Inselwelt Polynesiens nahmen einst, in Trance versetzt, Kontakt mit Delphinen auf, um erfolgreicher fischen zu können. Auch indianische Fischer am Amazonas betrieben mit Hilfe von Delphinen Fischfang, eine Methode, die heute noch in Brasilien angewandt wird. In dem kleinen Küstenstädtchen Laguna arbeiten die Delphine sogar mit den Fischern zusammen. Die Initiative geht dabei, wie berichtet wird, immer von den Delphinen selbst aus. Durch ihre Tauchmanöver geben sie den

Fischern Zeichen, wann sie die Netze auswerfen können, und treiben die Beute zur Küste, den Netzen der Fischer entgegen. Die Männer geben den Delphinen Namen, und die Stimmung ist freundschaftlich, verspielt und heiter. Auch die Imragen in Westafrika und die Tartaren auf der Krim betreiben auf diese Weise Fischfang.

Die Ureinwohner Australiens, die Aborigines, fühlten sich schon immer verantwortlich für das Wohlergehen der sie ernährenden Mutter Erde. In Nordaustralien gibt es ein Volk, das sich das „Delphinvolk" nennt, der Delphin ist ihr Totemtier. Die Schamanen dieses Volkes verständigen sich telepathisch mit Delphinen. Sie sind der Überzeugung, dass aufgrund ihrer engen Verbindung zu diesen Tieren ihr eigenes Überleben vom Wohlergehen der Delphine abhängt.

Auch die Dogon, ein Wüstenvolk im westafrikanischen Mali, haben eine besondere Beziehung zu Delphinen, obwohl sie als Wüstenbewohner diese nicht kennen. In ihrem Schöpfungsmythos erzählen sie von Nommo, einem Wesen halb Fisch, halb Mensch, das vom fernen Gestirn des Sirius auf die Erde niederstieg und hier die Menschheit erschuf.

Seit dem Mittelalter verblasste allmählich die mythologische Symbolik der Delphine. Im 17. Jahrhundert setzte der Walfang ein und damit eine Jagd, die seither fast zur Ausrottung der grossen Wale führte. Die moderne Wissenschaft beschäftigt sich seit Anfang dieses Jahrhunderts wieder mit den intelligenten Wesen. Es sind allerdings weniger die Mythen unserer Ahnen, sondern die phänomenalen Fähigkeiten der Meeressäuger, die bei vielen Forschern ein naturwissenschaftliches Interesse auslösten, diesen Geheimnissen auf die Spur zu kommen.

Das mythische und symbolische Band zwischen Menschen und Delphinen ist jedoch niemals ganz zerrissen. Gerade jetzt, zur Jahrtausendwende, spüren immer mehr Menschen das Besondere, das von Delphinen und ihren älteren Verwandten, den Walen, ausgeht. Es vermittelt sich über ein spontanes Gefühl der Zuneigung, sei es in Begegnungen mit ihnen, beim Betrachten von Bildern und Filmen oder durch die Einstimmung auf ihr Wesen.

Begegnung mit Delphinen

Von Karin Huber

Im Dezember 1995 nahm ich auf Teneriffa an einem viertägigen Delphin-Seminar mit Andreas Korte teil. Während drei Tagen fuhren wir jeweils für drei Stunden aufs Meer, um Walen und Delphinen zu begegnen.

„Der dritte Tag, ein sehr sonniger Tag. Heute möchten wir etwas länger draussen bleiben. Unsere Stimmung ist wieder voll freudiger Erwartung: Treffen wir vielleicht heute auf Delphine? Das Meer zeigt einen veränderten Wellengang, es sind sehr grosse, langsam laufende Wellen. Plötzlich, wie aus dem Nichts, sind sie da! Gerade noch haben wir in der Ferne ihre typischen Rückenflossen entdeckt, schwimmen sie auch schon schnurstracks auf uns zu. Dann folgen Minuten, die unvergesslich bleiben. Rings um unser Boot hat sich eine Gruppe von Delphinen formiert, sie schiessen in Übereinstimmung mit der Geschwindigkeit unseres Bootes durch das Wasser. Jeder von uns hat einen Logenplatz. Ich sitze an der Bugspitze, die Beine baumeln ins Wasser, und drei Delphine bilden vor dem Boot eine Formation, die einer Fortsetzung der dreieckigen Bugspitze gleicht. Es ist einfach unglaublich! Zu

Anfang befürchte ich, dass sie vom Boot erfasst und verletzt werden könnten. Aber sehr schnell wird mir bewusst, dass ihnen nichts passieren wird. Sie passen ihre Geschwindigkeit der des Bootes so präzise an, dass sie sich in einem stets gleichbleibenden Abstand zu uns befinden. Ich halte den Atem an, während ich gleichzeitig jubeln möchte. Ein Glücksgefühl erfasst mich. Manchmal taucht ein Delphin aus dem Wasser auf, um Luft zu holen. Mein Fuss berührt ihn fast. Nun dreht sich ein Delphin direkt vor uns leicht in die Seitenlage und schaut kurz zu uns herauf. Ist das Wirklichkeit oder Phantasie?

Im nächsten Moment dreht er sich wie zur Bestätigung noch mehr und zeigt seinen Bauch. Ein warmes Gefühl der Liebe für diese Wesen breitet sich in mir aus – ein solch phantastischer, zärtlicher Moment, es ist überwältigend. So schnell, wie sie gekommen waren, verschwinden sie auch wieder. Zum Abschied vollführen sie noch ein paar Sprünge für uns. Herrlich, wie unbefangen, verspielt und heiter sie sich zeigen, sie vermitteln uns ihren unbändigen Spass am Dasein mit einer hinreissenden Leichtigkeit. Glücklich schauen wir uns an, ihre Freude und Heiterkeit hat uns alle erfasst, wir sind uns einig, dass es ein Geschenk war, diese Begegnung mit den Delphinen erleben zu dürfen.

Jetzt, einige Stunden später, mache ich mir viele Gedanken über die enorme Kraft, die von ihnen ausgegangen war. Neben ihrer Freundlichkeit und liebevollen Verspieltheit, Leichtigkeit und Eleganz spürte ich eine Kraft, die keine Widerstände zu kennen scheint. Ich empfand die Tiere im Einklang mit gewaltigen Kräften, mit deren Hilfe sie sich vorwärtstreiben liessen und dabei die Schwerkraft und den Wasserwiderstand aufzuheben schienen."

Die Botschaft der Delphine

Delphine vermitteln ein Gefühl von Harmonie und Freude, wie es sich jeder Mensch in seinem tiefsten Inneren wünscht und doch so oft nicht in seiner Welt zu verwirklichen weiss. Aufgrund meiner langjährigen Forschungsarbeit über die Wirkung der Delphine auf Menschen hat sich gezeigt, dass man nicht nur von einer, sondern von vielen Botschaften der Delphine sprechen kann. Welche der vielen möglichen Botschaften der Betrachter wahrnimmt und auf welche Weise sie in sein Bewusstsein dringt, hängt von der Persönlichkeit des einzelnen, seiner Lebenssituation, seinen Absichten, Zielen und vielen weiteren Faktoren ab.

Spiele Dein Leben !

Wenn wir Delphine in der Natur beobachten und dabei sehen, mit welcher Freude und Heiterkeit sie im Wasser herumtollen, spüren wir, wie ansteckend ihre Heiterkeit wirkt und wie leicht sie ein Lächeln auf unser Gesicht zu zaubern vermögen. Durch ihre spielerische Art und ihre Ausstrahlung erinnern sie uns an die unbeschwerten Momente unserer Kindheit. Dadurch wird uns die spielerische Seite unseres Wesens – unser inneres Kind – wieder bewusst. Delphine führen uns unsere Sehnsucht nach Leichtigkeit und Freude vor Augen. Wer würde nicht gerne wie sie ohne Last und Sorgen spielerisch durchs Leben tanzen?

Spielerisch und spontan wie die Delphine zu leben könnte zum Beispiel bedeuten, die Verantwortung dafür zu übernehmen, wie wir auf unser Umfeld und verschiedene Situationen in unserem Leben reagieren. Obwohl wir uns dessen häufig nicht bewusst sind, haben wir immer die Möglichkeit, statt mit zu viel Ernsthaftigkeit, Verbissenheit und Leiden mit Humor und Leichtigkeit zu reagieren.

Dies gelingt uns umso besser, je mehr Kontakt wir mit uns selbst, mit unserer Seele, haben und je mehr wir uns in unserer Mitte fühlen. Dann handeln wir spontan, aus dem Herzen heraus, weniger von unseren Vorstellungen, Mustern und Verletzungen bestimmt, die wir in uns tragen.

Lass Deine Ängste los und vertraue!

Ängste beeinflussen in einem beträchtlichen Masse unser Leben. Sie umfassen ein riesiges Spektrum von bewussten und unbewussten, von realen und irrealen Ängsten: von der Angst vor Krankheiten und Verletzungen über die Angst, zuwenig Zuneigung zu bekommen, bis hin zur Angst zu versagen. Ängste haben viele Gesichter, und nicht selten sind sie die Ursache für Aggression, Neid und Eifersucht. Ängste sind Energiefresser und mindern unsere Lebensqualität.

Manche Ängste erfüllen zwar auch die wichtige Aufgabe, uns in lebensbedrohenden Situationen vor realen Gefahren zu warnen, doch die meisten Ängste behindern und begrenzen uns in unserer Entfaltung. Wahrscheinlich kennen Delphine viele Ängste nicht, mit denen wir Menschen uns in unserem Dasein oft plagen. Denn

Fleckendelphinpaar

sie handeln aus dem Bewusstsein der Liebe heraus, und zudem haben sie ausser einigen Haien wenig natürliche Feinde.

Ich konnte oft beobachten, wie Menschen sich durch ihre Begegnung mit Delphinen ihrer Ängste bewusst wurden und diese plötzlich loslassen konnten. Zum Beispiel fanden Menschen mit der Angst, auf ein Boot oder ins Meer zu gehen, beim Anblick der Delphine plötzlich den Mut, sich mit der Schwimmweste ins tiefe Wasser zu begeben, keinen sicheren Halt mehr unter ihren Füssen zu spüren – kurz: loszulassen und Vertrauen zu entwickeln. Wo Angst schwindet, kann Vertrauen wachsen.[1)]

Überwinde Deine Grenzen!

Ängste können Begrenzungen sein, und Begrenzungen können uns hindern, unser volles Potential zu entfalten und ganz wir selbst zu sein. Delphine sind in der Lage, uns unsere eigenen Begrenzungen bewusst werden zu lassen. Dies bringt uns zu einer weiteren Botschaft, die wir durch sie erfahren: Überwinde deine eigenen Grenzen!

Häufig erleben wir Begrenzungen als einschränkende Faktoren, die uns daran hindern, etwas zu verwirklichen, das uns erstrebenswert erscheint. Grenzen überwinden bedeutet in diesem Zusammenhang, uns nicht entmutigen zu lassen und trotzdem einen Schritt weiter zu gehen in Richtung der Verwirklichung unserer Träume.

Zeigen Delphine uns nicht immer wieder, dass auch sie Grenzen sprengen? Beobachten wir, mit welcher Eleganz und Präzision sie in Formationen durch die Wellen gleiten und welch unglaubliche Geschwindigkeiten sie erreichen, wenn sie ein Boot in der Bugwelle begleiten! Diese Geschwindigkeiten erscheinen uns unerklärlich. Wenn wir zudem sehen, wie sie ungeachtet ihres hohen Kör-

1) Dies ist nicht als Aufforderung für andere gedacht, beim Auftauchen eines Delphins unbedacht und ohne jede Vorsicht ins Wasser zu springen. Delphine sind trotz allem wildlebende Tiere und könnten auch zuschnappen, wenn sie sich bedroht fühlen.

pergewichtes aus dem Wasser schiessen und wahrhaftig akrobatische Sprünge vollziehen, kommen wir aus dem Staunen nicht mehr heraus. Es scheint ihre Aufgabe zu sein, uns immer wieder vor Augen zu führen, dass Grenzen überschritten werden können.[2)]

Anne überwindet ihre Grenzen

Anne, eine Bekannte von mir aus Casteldefels bei Barcelona, ging, wie sie es oft tat, ans Meer und setzte sich an das Ende einer Hafenmole, um zu meditieren. Schon immer hatte sie sich gewünscht, einmal einem Delphin zu begegnen. Jetzt tauchte plötzlich einer vor ihr auf und lächelte sie an. In diesem Augenblick zögerte sie keinen Moment. Obwohl es März und die Wassertemperatur noch ziemlich kalt war, zog sie sich aus und sprang zu dem Delphin ins Meer. Sie dachte keinen Augenblick an die Kälte des Wassers, so fasziniert war sie von dieser spontanen Begegnung. Lange Zeit tollte sie mit dem Delphin im Wasser herum. Er kam auf sie zu und erlaubte ihr sogar, sich an seiner Rückenflosse festhaltend, von ihm durchs Wasser ziehen zu lassen. In diesem Moment verlor sie jegliches Zeitgefühl.

Nun kamen Leute auf die Hafenmole, entdeckten sie im Wasser und riefen ihr zu, sie solle doch sofort aus dem Wasser kommen, um sich vor dem vermeintlichen Hai in Sicherheit zu bringen. Aufgeschreckt von den Leuten, verschwand der Delphin, worüber sie sehr traurig war.

Interessanterweise kehrte er noch einmal zurück, nachdem die Leute wieder gegangen waren. Scheinbar wollte er sich von ihr verabschieden. Anne fühlte sich in ihrem Herzen tief berührt und stellte jetzt erst fest, dass ihr Körper völlig unterkühlt war. Das eigentlich Verblüffende ereignete sich jedoch erst später: Sie begann über ihr Leben in einer anderen Intensität nachzudenken und wurde sich dadurch vieler Dinge bewusst, die nicht mehr in Ordnung für sie waren. Sie veränderte sich sehr.

2) Zur Geschwindigkeit von Delphinen *siehe Sonderteil S. 115*

Erhöhe Deine Schwingung!

Wie wir heute wissen, verbreiten Delphine durch ihr Sonarsystem, das heisst durch die hohe Frequenz ihrer Sprache, ein hochenergetisches Schwingungsfeld um sich herum. Das Wasser leitet diese Schwingungen sehr gut, und so wirkt sich ihre Energie auch auf die Umgebung aus. Obwohl wir Menschen die Töne und Klänge der Delphine und Wale nicht entschlüsseln und in unsere Sprache übersetzen können, funktioniert ihre Kommunikation mit uns über nonverbale Kanäle. Das heisst, ein Teil unserer inneren Wahrnehmung, über den wir mit allem verbunden sind, versteht ihre Sprache. Davon profitieren alle Menschen, die Delphinen begegnen. Denn die Delphinenergie kann, ähnlich wie Meditation oder andere Techniken, unsere Schwingung erhöhen.

Besonders schwierige Situationen lassen sich einfacher meistern, wenn unsere Energie nicht zu stark absinkt. Die Erhöhung unserer Schwingung kann unsere Lebensenergie steigern, unser Bewusstsein erweitern und so Prozesse in Gang setzen.

Der positiven Einfluss des Sonarsystems auf Menschen zeigt sich besonders deutlich bei autistischen Kindern (siehe folgendes Kapitel).

Steht füreinander ein!

Durch ihr Sozialverhalten vermitteln uns Delphine eine weitere wichtige Botschaft: Steht füreinander ein!

Sie selbst leben freiwillig als Mitglied in einer Gruppe, einer sogenannten Delphinschule, und stehen in ständigem kommunikativem Austausch miteinander. Delphine sind ausgeprägte Individualisten, die aber bewusst im Kollektiv leben. Sie denken sozial und setzen sich für das Wohlergehen der ganzen Gruppe ein.

Dieses ausgeprägte Sozialverhalten konnte ich selbst einmal beobachten, als sich mehrere Delphine sehr liebevoll um einen kranken Artgenossen kümmerten. Er konnte aus eigener Kraft die

Gewöhnliche Delphine

Wasseroberfläche nicht erreichen, deshalb stützten ihn mehrere Delphine, die ihn immer wieder behutsam zur Wasseroberfläche schoben, damit er Luft holen konnte.

Delphine zeigen eine grosse Liebe und Fürsorge nicht nur im Umgang untereinander, sondern auch bei Begegnungen mit uns Menschen. Es gibt keinen einzigen Bericht, keine Überlieferung, wonach ein Delphin oder ein Wal jemals Menschen ohne vorangegangene Provokation angegriffen hätte. Keine andere wildlebende Tierart verhält sich so hilfsbereit, vertrauensvoll und freundlich gegenüber den Menschen.

Auch mit ihrer Umwelt gehen Delphine bewusst und liebevoll um. Das Meer bietet ihnen einen reichhaltigen und fast unerschöpflichen Speiseplan. Im Gegensatz zum Menschen nehmen sie sich immer nur das, was sie wirklich brauchen. Sie zerstören nichts und töten nicht unnötig.

Einladung zum Nachdenken

Die spielerische Leichtigkeit der Delphine kann eine Einladung zum Loslassen sein, ein Fliessen im Strom der Veränderung. Wir können uns von den Wellen tragen lassen, statt uns dagegen zu stemmen oder uns zu quälen. Wer das Vertrauen entwickelt hat, dass alles nach einem göttlichen Plan verläuft, ist durch seine Ängste hindurchgegangen. Wir dürfen ganz einfach Freude entwickeln, eine Freude, die Delphine in ihrer Leichtigkeit ausstrahlen. Es kann jedoch nicht hauptsächlich darum gehen, mit diesen Wesen im Wasser wunderbare, freudvolle Zeiten zu erleben, sondern darum, selbst ein „Delphinbewusstsein" zu entwickeln: jeden Tag als neues Geschenk in Freude anzunehmen; bewusst in Einheit mit der Schöpfung zu leben und alle Gedanken und Handlungen aus diesem Gefühl des Einseins zu gestalten; spielerisch mit dem Alltag umzugehen, getragen von Kreativität, Humor, Weisheit und sinnlicher Freude am Dasein. Auf diese Weise wird Leben zur Begegnung mit dem anderen und mit Neuem, mit dem Ziel der Entwicklung eines höheren Bewusstseins.

Therapeuten aus dem Meer

In den USA und anderen Ländern gibt es private, nichtkommerzielle Forschungs- und Bildungseinrichtungen, die sich mit Delphinen beschäftigen und mit den Möglichkeiten, diese bei bestimmten Therapien unterstützend einzubeziehen. Psychologen haben nachgewiesen, dass mit Unterstützung von Delphinen bei der Therapie autistischer Kinder geradezu sensationelle Ergebnisse erreicht werden konnten. Autistische Kinder leben völlig isoliert in sich selbst und ignorieren Versuche ihrer Umwelt, mit ihnen Kontakt aufzunehmen. Sie können meist nur unzulänglich sprechen und kapseln sich von ihrer Umgebung ab. Oft weisen autistische Kinder ausserordentliche Leistungen in einzelnen Fertigkeiten auf. So sind die einen beispielsweise blitzschnell beim Kopfrechnen mit hohen Zahlen, andere wiederum haben geradezu ein fotografisches Gedächtnis. Dagegen tun sie sich vor allem mit sprachlichen Aufgaben schwer. Generell scheinen sie sich jeglicher Kommunikation mit anderen Menschen zu verschliessen.

Nach einem längeren Trainingsprogramm mit Delphinen zeigen die sonst extrem schwer zugänglichen Kinder meist deutliche emotionale Regungen. Was Menschen schwer gelingt, vermögen Delphine spielend, nämlich eine Brücke zu schlagen und einen nonverbalen Kontakt herzustellen, denn sie sprechen direkt das Gemüt an. Dadurch wird ein Zugang zu den verschlossenen Seelen der autistischen Kinder möglich. Selbst Fotos oder Filme mit Darstellungen von Delphinen bewirken bei ihnen eindeutige Reaktionen. Sie nehmen ihre Umwelt wieder bewusster wahr. Dadurch verbessert sich die Kommunikation und der Austausch mit ihrer Umgebung. Die stärkere Orientierung nach aussen führt vielfach zu besseren Lernerfolgen in Bezug auf das, was mit den Kindern gerade geübt wird.

Wassertherapie mit Delphinen

Die Stiftung Oceanis im Delphinarium von Mexico City erforscht seit vielen Jahren das Phänomen der positiven Wirkung von Delphinen auf geistig behinderte Kinder: Das Zusammensein mit Delphinen stärkt ihr Selbstvertrauen. Die Forscher vermuten, dass das Ultra-Sonarsystem, das Frequenzen von bis zu 130'000 Hertz in der Sekunde erreichen kann, das zentrale Nervensystem und die Gehirnströme der Menschen stimuliert. Das Therapieprogramm umfasst zehn Sitzungen zu je 13 Minuten. Diese an sich sehr kurze Dauer wurde festgelegt, weil die ultrasonare Energie sehr intensiv ist und daher wohldosiert angewendet werden sollte.

Zunächst werden die Kinder angehalten, mit den Delphinen zu spielen. So lernen sie das Gleichgewicht im Wasser zu halten, was später durch Muskelübungen noch vertieft wird. Der Höhepunkt des Programms ist der Ritt auf dem Delphin, bei dem sich die Kinder an dessen Rückenflosse festhalten und mit ihm durchs Wasser gleiten. Die Therapie für Kindergruppen einer Altersstufe basiert auf der Zusammenarbeit des Delphins mit den Therapeuten, Eltern, Neurologen und Kinderärzten und ist äusserst erfolgreich.

Bei Kindern befindet sich das Gehirn noch im Wachstumsstadium. Funktionen einer beschädigten Gehirnhälfte können deshalb in begrenztem Masse von der gesunden Gehirnhälfte übernommen werden. Wahrscheinlich ist die therapeutische Wirkung von Delphinen jedoch nicht allein auf die Wirkung des Sonarsystems zurückzuführen. Viele Forscher und Therapeuten berichten übereinstimmend von einer grossen Sensibilität und einem intensiven Wahrnehmungsvermögen der Tiere. Beispielsweise zeigen sie zutrauliche Verspieltheit und stellen Körperkontakt her, wenn sie bei einem Menschen Offenheit und Vertrauen spüren. Ängstlichen Kindern gegenüber halten sie sich dagegen etwas auf Distanz und nähern sich nur vorsichtig.

Dies sind zwei Beispiele von mittlerweile zahlreichen Projekten, die sich mit der therapeutischen Qualität von Delphinen beschäftigen. Therapeutische Arbeit mit Delphinen ist dabei keineswegs nur mit domestizierten Tieren möglich. In Gomera ist ein Projekt in Planung, das freilebende Tiere in die Therapie einbeziehen wird. Die Delphine werden dort als gleichberechtigte Partner angesehen und sind frei, selbst über Häufigkeit und Intensität ihrer Mitarbeit zu entscheiden.

In Eilat (Israel) wird ein Delphinarium schon nach diesem, für die Delphine freiheitlichen Prinzip geführt.[2a)]

2a) Adresse siehe Anhang Seite 151.

Der Ruf der Delphine – der Delphinweg zum Herzen

Von
Ireanah
Haug

Als gelernte Heilpädagogin arbeitete ich jahrelang mit mehrfach behinderten Kindern und Jugendlichen. Durch das jahrelange schwere Heben der Patienten hatte ich mir einen Rückenschaden zugezogen und musste wegen zwei Bandscheibenvorfällen hospitalisiert werden. Da ich meinen Beruf aber sehr gerne ausübte, kehrte ich immer wieder zu meiner Arbeit zurück. Um den Belastungen weiterhin gewachsen zu sein, begann ich Schmerzmittel einzunehmen. Ich merkte nicht, dass ich dadurch eine Virusinfektion unterdrückte und verschleppte, so dass ich Wochen später ins Spital eingeliefert werden musste. Die Ärzte diagnostizierten „Weichteil- und Gelenkrheumatismus". Einige Zeit später kam noch „Zöliakie", eine Glutenunverträglichkeit, dazu. Von da an fühlte ich mich wirklich krank.

Mit 26 Jahren stand ich vor dem totalen Zusammenbruch. Ich versuchte mich trotzdem noch zwei Jahre lang durchzuschleppen, bis mich die Kräfte völlig verliessen und ich durch die starken Schmerzen mürbe geworden war. Mit dem frustrierenden Gefühl, vor der Schulbehörde, den Eltern der Schüler, den Behinderten und schlussendlich auch vor mir selbst versagt zu haben, gab ich mich auf. Eheprobleme verschlimmerten meinen Zustand, und zur Arbeitsunfähigkeit kam noch die Scheidung

dazu. Nie fühlte ich mich ungeliebter und einsamer als zu jener Zeit.

In meiner Desorientierung begann ich ein Meditationstraining, um zu einer Lösung meiner Probleme zu finden. So erlebte ich mich einmal in tiefster Entspannung als Delphinmutter, die ein Baby gebar. Damals konnte ich mit diesen Bildern beim besten Willen nichts anfangen. Heute verstehe ich, dass sie Symbole für eine geistige Wiedergeburt waren und mir aufzeigen wollten, dass ich mich von meinen negativen Emotionen trennen musste, bevor ich in einen neuen gesunden Körper „hineingeboren" werden konnte. Ich musste versuchen, meinen Groll auf Gott und die Welt zu überwinden, den ich über mein Schicksal hegte.

Immer häufiger träumte ich von Delphinen und erlebte sie auch in Meditationen. Ich entwickelte eine Technik, um in tiefer Entspannung telepathischen Kontakt zu wirklichen Delphinen aufzunehmen. In einer Vision hörte ich den Ruf der Delphine, aufgrund dessen ich ein Delphinarium besuchte. Dort durfte ich das erste Mal in meinem Leben einen Delphin anfassen. Der Delphintrainerin fiel auf, dass die Delphine freudige Sprünge vollführten, wenn ich mich näherte, und dass sie sich mit mir zu unterhalten schienen.

So erlaubten sie mir eines Tages, mit ihnen zu schwimmen. Ich legte mich ins Wasser und hatte das intensive Gefühl, als Gast bei ihnen zu sein. Da ich sie jedoch nicht bedrängen wollte, wartete ich ab, was geschehen würde. Die Ohren unter Wasser

haltend, hörte ich das hohe Fiepen und eine Art Schnattern meiner Freunde. Alle Körperhaare stellten sich dabei auf und ich spürte eine wohlige Bewegung innerhalb meines Körpers. Plötzlich schubste mich ein Delphin mit seiner stumpfen Nase, ein zweiter schwamm unter meine Achseln und versuchte mich umherzuschieben. Mein Herz pochte wie wild. Inzwischen waren alle fünf Delphine bei mir und schienen mich als Spielball benützen zu wollen. Da bemerkte ich, dass sie auf meine Gedanken zu reagieren begannen. Einer der Delphine knabberte an meinen Füssen, und ich hätte ihn am liebsten am Bauch gestreichelt. Kaum hatte ich dies gedacht, war er neben mir und hielt mir seinen Samtbauch hin. Ich wünschte mir, ich dürfte mich von einem dieser Tiere ziehen lassen, schon bot mir ein anderer Delphin seine Rückenflosse an. Ich war wie verzaubert. Träumte ich? Nein, es war die wahre Wirklichkeit, ein Traum hatte eben erst begonnen...

Bald spürte ich aber auch die Trauer der gefangenen Delphine, ihre Sehnsucht nach Freiheit. Heute setze ich mich für die Freilassung dieser wunderbaren Geschöpfe ein, da mir bewusst geworden ist, welche Leiden Delphine in Gefangenschaft durchmachen. Ob sie mich auch dafür gerufen hatten?

Immer häufiger tauchten meine Delphin-Freunde in meinen Träumen auf, ihr Ruf wurde immer drängender. Eines Nachts wurde ich hellwach, als ich im Traum Hawaii erkannte. Ich wusste: Dorthin muss ich reisen. Daraufhin verkaufte ich mein Hab und Gut, um die Reise finanzieren zu können. In Hawaii begann sich meine Sensitivität zu verfeinern.

Kaum sass ich am Strand, schon spürte ich eine seltsame Unruhe, die mich ins Wasser trieb. Es dauerte nur wenige Minuten, bis mich ein Schwarm von etwa 40 Spinnerdelphinen mit ihren Klicktönen begrüsste und umkreiste (Spinnerdelphine heissen so, da sie sich bei ihren Luftsprüngen um ihre eigene Achse drehen; engl. spin = sich drehen). Intuitiv begann ich, mich ebenfalls zu drehen und spiralförmig in die Tiefe zu tauchen. Dies animierte die Tiere, mir zu folgen, und es begann ein Tanz unter Wasser. Ich fühlte mich eins mit ihnen, verschmolz mit ihren Bewegungen. Ahmte ich ihre Bewegungen nach oder sie die meinen? War ich Mensch oder Delphin? Auf alle Fälle, ich war zu Hause angelangt – eine alte Sehnsucht war gestillt worden.

Als sie sich von mir zurückzogen, fühlte ich meinen Körper wie unter Strom stehen. Ich war so glücklich, dass ich lauthals lachte. Diese Stimme war mir fremd; wann hatte ich das letzte Mal so herzhaft gelacht? Vor zehn, fünfzehn Jahren vielleicht? Ich hatte das Gefühl, als sei der Länge meines Körpers nach ein Reissverschluss aufgerissen worden. Wieder an Land wollte ich jedermann umarmen, eine Wesensart, die ich von mir nicht kannte. Bisher war ich eher eine zurückhaltende, introvertierte Person gewesen. Nun fühlte ich mich wie ein ausgewechselter (Delphin-) Mensch. Leute, die mich sahen, meinten, ich sprühe Funken oder wirke wie ein Lichtball. Eine mediale Frau sagte: „Dein Herzchakra ist aufgegangen." Ich verstand damals nicht, was sie meinte. Bald darauf lernte ich in Hawaii eine Therapeutin kennen, die mir mehr über Chakren, auch Energiezentren genannt, erzählte. Durch das Erlebnis mit den Delphinen erkannte ich, dass sie unsere Chakren ausgleichen können. Das war für mich der Einstieg in die Chakra-Heilungsarbeit, wie ich sie heute als Therapeutin praktiziere.

Die Delphine lehrten mich, auf meine innere Stimme zu hören, meinen Träumen zu folgen, auch wenn sie sich noch so verrückt anhören. So erfülle ich mir jedes Jahr einen Traum, wenn ich Menschen zu den Delphinen bringe und sie durch die Begegnung mit ihnen die Erfahrung machen können, wie sie ihr Herz-Chakra öffnen, aktivieren und so wieder Werte wie Glückseligkeit und Liebe erfahren können. Meiner Erfahrung nach ist eine wahre Heilung nur möglich, wenn das Herz-Zentrum geöffnet und aktiviert wird.

Heute bin ich wieder gesund und führe seit 1986 meine eigene Gesundheitspraxis „Vitalis" (Vita = Leben). Diesen Namen schenkten mir die Delphine, genauso wie sie mir mein Leben zurückgaben.[3]

3) Die Aufnahmen zu diesem Erfahrungsbericht stammen von Ireanah Haug. Ihre Adresse finden Sie im Anhang, S. 150

KAPITEL II

Wasser - das Element der Delphine und Wale

Das Wasser will fliessen
Ins Meer sich ergiessen
Das Wasser will fliessen
Zurück in das Meer
Wasser, ich danke dir
Denn du bist ein Teil von mir
Wasser ich danke dir
Denn du bist auch in mir

Melodie: „The river is flowing"

Das Lebenselement Wasser und seine Symbolik

Im Wasser entwickelte sich alles Leben. Erst im Verlauf der Evolution bewegte sich das Leben vom Wasser hin zum Land. Wasser ist zudem der Hauptbestandteil aller lebenden Materie: Tiere und Pflanzen bestehen bis zu 90% aus Wasser, die Erde selbst aus bis zu 80%. Wir Menschen bestehen als Neugeborene zu 75% aus Wasser, im Alter sind es noch 60%. Zwei Drittel davon sind in den Körperzellen gespeichert, das andere Drittel in den Körpersäften.

Alles Leben ist vom Wasser abhängig, es ist eines der wichtigsten Elemente unseres Planeten. So sind zwei Drittel der Erdoberfläche mit Ozeanen bedeckt, und man könnte darüber nachdenken, ob der Name „Ozeanien" nicht fast passender wäre für unseren Planeten als „Erde".

Das Urelement Wasser, das uns mit den Delphinen und Walen verbindet, weist eine vielfältige Symbolik auf:

Reinigung und Erfrischung

Im täglichen Leben dient uns das Wasser zur Reinigung. Sei es, dass wir unsere Wohnung „reinigen“ oder ein reinigendes und entspannendes Bad nehmen. Wasser wirkt nicht nur auf der physischen Ebene reinigend, sondern ebenso auf der emotionalen und der energetischen Ebene. Zum Beispiel können Sie Ihre Edelsteine in Wasser legen, um sie von fremden Schwingungen zu befreien.

Neben seiner reinigenden Wirkung hat Wasser auch einen kühlenden, belebenden Effekt. Besonders an heissen Tagen schätzen wir ein kühles Bad oder eine Dusche, um uns zu erfrischen.

Flexibilität und Wandlung

Wasser kann sich jeder Form anpassen und steht damit symbolisch für Flexibilität, Fliessen und Im-Fluss-Sein. Egal, wo sich ein Tropfen Wasser befindet, er wird immer bestrebt sein, zum tiefsten Punkt hin zu fliessen. Dieses fortwährende Vorwärts- und Weiterbewegen des Elementes Wasser ist ein deutliches Symbol für den Fluss des Lebens.

Wasser verdunstet, fällt als Niederschlag von den Wolken wieder zur Erde und fliesst zurück ins Meer, zu seinem Ursprung. Der ewige Kreislauf des Wassers ist ein perfektes Sinnbild für Auflösung, Umwandlung und Transformation, für das Streben nach der Rückkehr zum Ursprung, zur grossen Einheit.

Gefühle und Emotionen

Psychologisch und astrologisch gesehen, ist Wasser ein Symbol für Gefühle und Emotionen. Wasser kann Gefühle auslösen und verändern. Oft genügt es schon, am Wasser zu sitzen, auf einem Boot zu fahren oder ganz einfach im Wasser zu sein, um sich gelöster und ausgeglichener zu fühlen. Wasser ist aber auch eine Urgewalt und unbezähmbar. Der Anblick eines aufgewühlten Gewässers kann intensive Gefühle von Unruhe bis Angst in uns auslösen oder uns an Situationen erinnern, in denen wir uns nicht sicher fühlten. Schauen wir hingegen auf ein stilles, sanftes Gewässer, so können wir dadurch mit einem tiefen Gefühl von Frieden und Ruhe in Berührung kommen.

Lösung und Entspannung

Wasser kann entspannen, lockern und lösen. Diese offensichtlichen Qualitäten werden nicht nur im entspannenden abendlichen Bad in der Wanne geschätzt, sondern gezielt in Wassertherapien genutzt (siehe dazu Kap. IV, Anwendungsmöglichkeiten der Delph-Essenz).

Getragen werden

Wasser kann uns an die Zeit unseres Lebens erinnern, in der wir uns durch das uns umgebende Fruchtwasser geschützt und getragen fühlten – eine Zeit, in der wir im Gefühl des Getragenwerdens und der Einheit lebten. Einem kleinen Menschen, gerade auf die Welt gekommen, ist dieses Wasser-Universum vom wohlig warmen Schoss der Mutter noch sehr vertraut.

Das Wissen um diese Tatsache wird in den zunehmend verbreiteteren Wassergeburten angewendet, bei denen das Neugeborene aus dem Fruchtwasser der Plazenta direkt in angenehm temperiertes Wasser gleitet und damit das vertraute Element nicht

gleichzeitig mit dem Mutterleib verlassen muss. Bei einer Wassergeburt bewegt sich das Baby ohne fremdes Zutun an die Wasseroberfläche, um den ersten Atemzug und den ersten Schrei zu tun.

Wassergeborene Babys haben erfahrungsgemäss keine Angst vor dem Wasser. Ihre Vertrautheit kann spielerisch genützt und erhalten werden, indem Mütter gemeinsam mit ihren Kleinkindern schwimmen gehen. Sie werden später mit Leichtigkeit schwimmen lernen, sofern sie keine traumatisierenden Erfahrungen mit Wasser machen. Mütter, die Vergleichsmöglichkeiten haben, finden, dass wassergeborene Babies zu glücklicheren und unbeschwerteren Kindern heranwachsen.

Wasser als Mittler zwischen der sichtbaren und unsichtbaren Welt

Wasser ist eine zentrale, lebensnotwendige Substanz, kein Leben in der auf der Erde bekannten Form existiert ganz ohne Wasser. Wo Wasser enthalten ist, wird es in einem stetigen Kreislauf aufgesogen, gespeichert und wieder abgegeben. Dies gilt auch für den Menschen, der ohne Wasser nur wenige Tage überleben kann. Auf seinem Weg sammelt das Wasser vieles auf, was im natürlichen Kreislauf über Pflanzen und Tiere auch in unseren Nahrungsmitteln landet. Dass sich darunter leider eine grosse Zahl von belastenden und giftigen Substanzen befindet, ist zur Genüge bekannt.

Die Verschmutzung des Wassers ist jedoch nicht nur von materieller und mikroskopisch sichtbarer Natur. Mechanisch, biologisch oder chemisch geklärtes und damit auf materieller Ebene „sauberes" Wasser kann nicht mit unbelastetem Quellwasser verglichen werden. Natürliches Quellwasser kommt mit der Kraft des Ortes und des Erdreichs in Verbindung. Wenn es an die Erdoberfläche gelangt, nimmt es die Vitalität des Sonnenlichtes und des Pflanzenreichs auf, während es durch die Bewegung und das Fliessen Bewegungsenergie speichert. Deshalb fühlt sich das Wasser aus einem Gebirgsbach anders an als das Wasser aus einem stillen See. Wir können solch natürliches Wasser als „lebendiges Wasser" bezeichnen, im Unterschied zu technisch gereinigtem Wasser, dem diese Lebendigkeit fehlt.

Heilkundige und Wasserforscher wissen um die energetische, unsichtbare Dimension des Wassers. Sie nutzen das Wasser als Energie- und Informationsträger. Die Eigenschaft, Information speichern zu können, bezeichnet man als „Gedächtnis des Wassers". Diese Besonderheit beruht auf den sogenannten „Anomalien des Wassers", wie es die Naturwissenschaft formuliert. Das Wassermolekül, bestehend aus zwei Wasserstoffatomen und einem Sauerstoffatom (H_2O), sollte bei normaler Zimmertemperatur eigentlich ein Gas sein. Es sind die zwischenmolekularen Kräfte, die es zusammenhalten und erst bei einer Temperatur von 100°C verdampfen lassen. Die Elektronegativität von Sauerstoff ist deutlich höher als jene von Wasserstoff. Dies führt dazu, dass Sauerstoff negativ und Wasserstoff positiv geladen ist. Deshalb ist Wasser ein sogenanntes bipolares Molekül. Zwischen den verschiedenen Wassermolekülen bestehen elektrische Wechselwirkungen. Durch die zwischenmolekularen Anziehungskräfte entstehen grosse Haufen von Wassermolekülen, die man „Cluster"[4)] nennt. Durch eine Winkelveränderung der Wasserstoffatome kann die komplexe Gitterstruktur der Cluster feinstoffliche Informationen aufnehmen und in sich tragen.

Kirlianphotographie der Delph-Essenz

Auf dieser Fähigkeit des Wassers, Schwingungen, Informationen, Energie oder Heileigenschaften von Pflanzen zu speichern, basieren die wesentlichen Wirkungsweisen von homöopathischen Mitteln und Essenzen wie der Delph- und Wal-Essenz. Verfahren wie die Kirlianfotografie und die Radiästhesie sind in der Lage, diese Informationen wahrnehmbar und messbar zu machen. So kann Wasser als Mittler zwischen der sichtbaren und unsichtbaren Welt bezeichnet werden, da es neben den sichtbaren Dingen auch unsichtbare Informationen aufnehmen und in sich tragen kann.

4) Clusterbildung heisst hier: Traubenbildung der Wassermoleküle durch elektromagnetische Kräfte.

Blaues Universum - Die Symbolik der Farbschwingung Blau

Von Dr. phil. Monika Renner

Die Farbschwingung Blau prägt in unserer Farbwahrnehmung die Welt der Delphine und Wale, denn wir sehen das Wasser in Blautönen. Schwimmen wir im Meer wie sie und schauen in den Himmel hinauf, so sehen wir wieder Blau – tagsüber in hellen Nuancen, nachts in tiefem Dunkelblau. Was assoziieren wir mit diesen Farbtönen? Was bringen sie in uns zum Klingen? Welche Vorstellungen, Begriffe oder Worte steigen in uns auf, wenn wir an die Farbschwingung Blau denken?

Farbsymbolik entsteht – wie jede Symbolsprache – aus der gelebten Erfahrung und ist tief in jeder Kultur verwurzelt. Dies lässt sich an vielen Redewendungen ablesen, an der Verwendung von Farben in der Kunst, der Mode, der Werbung. Allerdings lässt sich die symbolische Bedeutung nicht ohne weiteres von einer Sprache

und Kultur in die andere übertragen, Klima, Religion und Geschichte sorgen für viele unterschiedliche Varianten. So ist die Farbnuance Blau im Französischen in einem Ausruf des Erstaunens enthalten: „Parbleu!"; in England charakterisiert der „Blues" Melancholie und in Russland ist ein „blauer" Charakter die reine Sanftmut.

Dennoch gibt es allgemein empfundene *Qualitäten*, die *der Farbe Blau*, der Schwingung des Himmels und der Meere, zugeordnet werden können:

Blau hat in unserer Wahrnehmung die Qualität der *Ferne*, der *Sehnsucht*, der *Fantasie*, der *Hoffnung* und des *Idealen*. Diese Einschätzung beruht auf physikalischen Tatsachen, die man leicht selbst beobachten kann. Farben wirken um so näher, je wärmer und um so ferner, je kälter sie sind: Blau erscheint am weitesten entfernt, denn es ist die *Farbe der Kühle*. In diese empfundene Ferne kann man sehnsüchtig und voller Fantasie alles hineinprojizieren, was man in der ganz realen Nähe vermisst. In dieser Ferne lassen sich auch Ideale als solche erhalten, die der hautnahen Realität nicht standhalten könnten. Für viele Menschen scheint allerdings auch die Hoffnung in der Ferne zu liegen. Sie muss ja keineswegs unerreichbar fern sein, immer wieder suchen und finden Menschen ihr Glück in der Ferne, in die sie ihre Sehnsucht, ihre Suche treibt. Auch das blaue Meer ist ein Symbol der Weite und Ferne und hat die Menschen schon immer magisch angezogen.

Blau wird in unserer Wahrnehmung auch verbunden mit den Qualitäten der *Harmonie*, der *Stille*, der *Ruhe* und des *Friedens*. Unsere blaue Sehnsucht richtet sich auch auf die oft schmerzlich vermisste Harmonie, Stille und Ruhe. In einem Alltag, der häufig geprägt ist von Lärm und Unruhe, sehnen wir uns nach dem Frieden, den alles Blaue ausstrahlt. Wir können ihn spüren, wenn wir zu uns finden in der Stille der Natur, die erfüllt ist von beruhigenden Geräuschen wie dem Rauschen der Blätter von Bäumen im Wind oder dem Rhythmus der Wellen des Meeres. Viele Menschen lieben den Klang der heranrauschenden Wellen und den Anblick der blauen Weite des Meeres und des Himmels über dem Horizont. Der innere Frieden, der sich dann einstellt, bringt sie in ihre Harmonie. Der Rhythmus der Wellen und ihr blaues Farbenspiel können eine Heiterkeit bewirken, die aus dem Mitschwingen kommt. Dieses innere Mitschwingen bringt eine Gelasenheit, in der wir erleben können, wie es sich anfühlt, mit unserer Umwelt in Einklang zu sein. Dann können wir sie lassen, wie sie ist, ohne etwas mit ihr machen oder sie verändern zu wollen. Wir nehmen Delphine in ihrer fröhlichen Verspieltheit als heilsam entspannend wahr und sind fasziniert von der ruhigen Gelassenheit der Riesen der Meere, der Wale. Diese Wahrnehmung ist verknüpft mit ihrem Element, dem Wasser. Es kann uns tragen, entspannen, erfrischen, heilen. Es kann uns zurückbringen zu Fröhlichkeit und Verspieltheit, zu Ruhe und Gelassenheit. Das Salzwasser der Meere entspricht in seiner Zusammensetzung unserem Blutplasma. Es ist ein deutlicher Hinweis darauf, wie sehr wir diesem blauen Element verbunden sind.

KAPITEL III

Essenzen

Was sind Essenzen?

Essenzen sind von der ursprünglichen Bedeutung des Wortes her konzentrierte Auszüge aus tierischen oder pflanzlichen Substanzen, zum Beispiel Frischpflanzentinkturen, spagyrische Essenzen, ätherische Öle, Propolis usw. Seit Dr. Eduard Bach bei seinen Patienten grosse Erfolge mit Blütenessenzen erzielte, wird der von ihm benutzte Begriff Essenzen mehr und mehr auch für Schwingungspräparate verwendet. In dieser Weise wird der Begriff Essenz auch in diesem Buch verwendet.

Essenzen enthalten die für eine Pflanze typischen lebendigen Energieschwingungen, die über den Trägerstoff Wasser vermittelt werden. Die jeweilige Essenz ist der Träger der Energieschwingung oder Kraft einer Pflanze, eines Minerals oder eines Tieres.

Essenzen haben eine harmonisierende Wirkung, indem sie energetisch ausgleichen, was in uns ins Ungleichgewicht oder in Disharmonie geraten ist. Sie helfen, das Gleichgewicht zwischen Körper, Geist und Seele wieder herzustellen.

„Die Erde ist der Boden, der die Pflanze trägt und sie erhält, die Luft ist es, die sie nährt, die Sonne oder das Feuer befähigt sie, ihre Kraft zu übertragen, und das Wasser schliesslich nimmt ihre wohltätigen Heilkräfte auf und speichert sie."[5]

Dr. Bach, Pionier der Blütenessenzen

Dr. Edward Bach (1886-1936), ein in England lebender Arzt, entwickelte die uns heute als Bach-Blüten bekannten Blütenessenzen.

5) Aus: „Some Fundamental Considerations of Disease and Cure", Nora Weeks, Dr. Edward Bach, Irisiana

Auf seiner ständigen Suche nach Arzneimitteln für seine Patienten entdeckte er den Zusammenhang zwischen Krankheiten und den ihnen zugrundeliegenden Seelenzuständen, Gemütsverfassungen und Verhaltensmustern der jeweiligen Menschentypen. Jede körperliche Krankheit hatte für ihn ihren Ursprung im seelischen Bereich, zum Beispiel in negativen Gefühlen und Ängsten, die den inneren Zustand von Disharmonie und Harmonie beeinflussen. Er fand heraus, dass bestimmte Blüten und Pflanzen dabei helfen können, diese negativen Kräfte ins Positive zu transformieren. Die Heilkraft dieser Blüten nannte er das „Potential" der Blüte. Dr. Bach stellte auch fest, dass Patienten mit demselben Leiden oft ganz unterschiedlich auf ihre Krankheit reagierten. Durch langjährige Erfahrung erkannte er, dass die Art und Weise, wie jemand auf etwas reagiert, der eigentliche Auslöser dafür ist, dass körperliche Leiden sich manifestieren. Bestimmte Persönlichkeitszüge in ihrer negativen Ausdrucksform schwächen seiner Meinung nach die Lebenskraft und schaffen die Grundlage für das Entstehen von Krankheiten.

Dr. Bach stellte fest, dass die Tautropfen, die morgens auf den Blüten zu finden sind, die Heilwirkung der jeweiligen Pflanze in sich tragen. Aus dieser Erkenntnis heraus entstanden nach und nach seine ersten Blütenessenzen, die ausgleichend auf die von ihm definierten Gruppen von Seelenzuständen der Menschen wirken und eine besondere Heilkraft entfalten.

Bald erkannte er auch, dass der Tau auf Pflanzen, die sich im Schatten befanden, weniger wirksam war als der Tau jener Pflanzen, die in der Sonne standen. Daraus entwickelte er die sogenannte *Sonnenmethode* zur Herstellung seiner Essenzen. Vorsichtig pflückte er eine Anzahl von Blüten der jeweiligen Pflanze, legte sie in eine mit Wasser gefüllte Glasschale und stellte diese für einige Stunden in das Sonnenlicht. Die Kraft der Sonne übertrug die Heilkraft der Pflanze auf das Wasser. Das mangelnde Sonnenlicht im frühen Frühjahr in England stellte ihn jedoch vor recht grosse Probleme, daher entwickelte er eine zusätzliche Methode zur Herstellung, die *Kochmethode*. Bei dieser werden die Blüten und Knospen in kochendes Wasser gelegt. Bei der Herstellung seiner Essenzen verwendete Dr. Bach nur Blüten und Blütenknospen der Pflanzen, da diese die höchste Konzentration an Lebenskraft enthalten und somit am stärksten wirken.

Dr. Bach erzielte zu seiner Zeit bemerkenswerte Heilerfolge mit seinen neu entdeckten Heilmitteln. Sein Heilansatz „Heile die kranke Persönlichkeit, und der Körper folgt von selbst"[5], stand in krassem Gegensatz zur damals allgemein verbreiteten Denkweise, wonach Krankheit den Menschen scheinbar zufällig widerfährt. Bach orientierte sich also in erster Linie an den seelischen Konfliktsituationen seiner Patienten, die er dann durch die passenden Blütenessenzen ins Positive umkehren konnte. Die Basis von Bachs Theorie war aber auch, dass jeder Mensch in seinem Leben vor bestimmte Lebensaufgaben gestellt wird, um verschiedene Lernprozesse zu durchlaufen. Die einen haben zum Beispiel Probleme mit Ausdauer und Durchhaltevermögen, während andere sich schwer tun, wenn es um aktives Handeln und Eigenverantwortung geht.

Inzwischen haben viele Menschen erkannt, dass die Essenzen generell eine wunderbare Möglichkeit sind, über die konventionellen Heilweisen hinaus zu heilen. Essenzen sind die Wegbereiter eines neuen Verständnisses von Heilung und auch von Gesundheitsvorsorge.

Weiterentwicklung der Essenzen

In den letzten Jahren seines Lebens stellte Dr. Bach den Rest seiner 38 Blütenessenzen her. Aber erst viele Jahre später wurde sein Werk in der breiten Öffentlichkeit bekannt. Seine Erkenntnisse wurden in den siebziger Jahren wieder aufgegriffen und verbreitet.

5) Aus: „Some Fundamental Considerations of Disease and Cure", Nora Weeks, Dr. Edward Bach, Irisiana

Viele der heutigen Probleme waren zu Dr. Bachs Zeiten noch nicht in dem Masse aktuell. Dem Menschen haben sich in den letzten fünfzig Jahren in einer rasanten Schnelligkeit völlig neue Aufgaben gestellt. So entstanden aufgrund neuer Forschungen in den achtziger und neunziger Jahren rund um die Erde viele neue Essenzen, die Bereiche abdecken, welche von Dr. Bach noch nicht erfasst worden sind. Inzwischen gibt es neben Blütenessenzen auch Essenzen von Mineralien (Edelsteinen) und von Tieren, wie die in den folgenden Kapiteln vorgestellten Essenzen der Delphine und Wale.

Wirkungsweise von Essenzen

Untersucht man Essenzen im Mikroskop auf materielle Bestandteile, die deren Wirkung erklären könnten, findet man – nichts! Aus chemischer Sicht bestehen sie nur aus Wasser und Alkohol. Wie hochpotenzierte homöopathische Verdünnungen wirken sie auf einer nicht-materiellen Ebene.

Materie ist nicht das, was sie zu sein scheint. Jedes Objekt, jeder belebte oder unbelebte Körper in seiner kleinsten Einheit ist in Bewegung oder, wie man es auch ausdrücken kann, in Schwingung.

Die Anzahl der Schwingungswellen pro Sekunde wird in Frequenzen ausgedrückt. Auf jede dieser Frequenzen können bestimmte Informationen aufmoduliert werden. Auf dem gleichen Prinzip basieren Radiowellen, mit welchen Musik oder Sprache über bestimmte Frequenzbereiche gesendet und empfangen werden. Essenzen funktionieren auf ähnliche Weise, wobei sie auf diesem Wege disharmonische Informationen ausgleichen können.

Krankheit kann unter anderem als eine manifestierte (Fehl-)Information angesehen werden, die unbewusst wahrgenommen wird und durch die Krankheit ihren Ausdruck findet. Ganzheitlich denkende Menschen sind der Ansicht, dass die meisten, wenn nicht fast alle körperlichen Krankheiten durch einen disharmonischen Zustand in den nicht sichtbaren, feinstofflichen Körpern des Menschen verursacht werden.

Der Sinn und das Wesentliche der Arbeit mit allen Arten von Essenzen ist es, über unsere Emotionen und durch unsere Gedanken Selbstheilungsprozesse in uns auszulösen. Wir müssen also lernen, bewusster mit diesen umzugehen. Der Geist formt die Materie. Alle psychischen Prozesse schwingen auf einer bestimmten energetischen Frequenz. Harmonie und Gesundheit schwingen in der Information von Licht und Liebe. Essenzen, ob aus Blüten,

Edelsteinen oder von Tieren gewonnen, können die fehlende gesundmachende Information ergänzen und Blockaden auflösen, die den Energiefluss im Menschen behindern. In erster Linie geht es darum, zu einer Ausgeglichenheit zu gelangen, wodurch der Körper seine Selbstheilungskräfte mobilisiert. Weiterhin helfen die Essenzen, unsere feinstofflichen Energiekörper auszugleichen und dadurch unsere Schwingungsfrequenz zu erhöhen. Sie können durch Impulse unserem Unterbewusstsein einen Anstoss geben, wodurch oft unbewusste Verhaltensmuster an die Oberfläche gebracht werden. Dies ermöglicht es uns, dieser Muster bewusst zu werden und sie schliesslich loszulassen.

Energetische Herstellung von Essenzen

Die Kristallherstellungsmethode

Von Andreas Korte

In meiner eigenen Entwicklung als Hersteller von Blütenessenzen kam ich nach anfänglichen Versuchen sehr schnell von den klassischen Herstellungsmethoden ab. Bei der Herstellung von Essenzen hatte mich schon immer gestört, dass dabei die Blüten von den Pflanzen abgetrennt werden müssen. Es ist für mich klar, dass die Pflanze durch diese Verletzung einen Schmerz erleidet. Je heiler eine Blüte ist, desto besser dient sie auch zur Heilung des Menschen. Für mich macht es einen grossen Unterschied, ob ich materielle Nahrung für meinen physischen Körper benötige – hier ist ein Ernten und damit Töten der Pflanze notwendig – oder ob ich ein energetisches Präparat herstellen möchte. Nach meiner Erfahrung ist die energetische Bioinformation auch in der Aura der Pflanze enthalten, nicht nur in der Blüte. Diese Erkenntnis hat mich dazu geführt, ganz auf das Pflücken der Blüten zu verzichten, da ich es als unpassend und verletzend empfinde.

Nun stellte sich die Frage, wie ich das Problem der Übertragung der energetischen Information zur Herstellung der Essenz lösen sollte. In einem Gespräch machte mir eine Bekannte den Vorschlag, eine Kristallgeode zu verwenden. Eine Geode bezeichnet in der Mineralogie einen Hohlkörper, in dem Kristallspitzen nach innen wachsen. Sie werden durchgeschnitten und als geteilte Hohlkörper angeboten. Dies war die

Lösung. Fortan benutzte ich eine Kristallgeode, die hervorragend für die Energieübertragung von der Pflanze zur Trägersubstanz der Essenz, dem Wasser, sorgt. Die Geode wird vor dem eigentlichen Herstellungsprozess der jeweiligen Essenz zunächst gesäubert und energetisch vorbereitet.

Der Geode verdankt meine Methode, die ***Kristallherstellungsmethode***, ihren Namen. Dieses Verfahren, mit dem ich alle meine Essenzen herstelle, unterscheidet sich in einigen Punkten wesentlich von der konventionellen Methode der Herstellung jener Essenzen, die als Bach-Blüten bekannt sind.

Die Grundbedingungen sind die gleichen. So arbeite ich nur an harmonischen, ruhigen Orten in der Natur, an denen die Pflanzen ihre volle Kraft entfalten können. Zur Herstellung benötige ich eine grosse Anzahl voll aufgeblühter Pflanzen, die ich nicht pflücke oder anderweitig verletze. Ich arbeite immer an lichtvollen, sonnigen Tagen, und die beste Zeit für eine Herstellung liegt zwischen zehn und vierzehn Uhr, wenn die Pflanzen noch in ihrer morgendlichen Frische sind. Die Mondposition ist ebenfalls sehr wichtig, denn bei aufsteigendem oder zunehmendem Mond und natürlich bei Vollmond befindet sich die meiste Kraft in den Blüten. Zum Zeitpunkt der Herstellung ist es sehr wichtig, sich persönlich ausgeglichen und in Einheit mit der Natur zu fühlen, denn der Moment der Herstellung verlangt Harmonie, äusserste Konzentration und Ruhe. Dann trete ich in geistigen Kontakt mit der Blüte, mit deren feinstofflichem Bereich, ihrer Aura. Ich nehme mit der Wesenheit der Pflanze, der Deva, Kontakt auf und bitte um ihre Hilfe. Ist die betreffende Pflanze einverstanden und die Kommunikation hergestellt, beginnt die Arbeit.

In eine Kristallgeode fülle ich klares, reines Quellwasser. Wasser nimmt als bipolarer Stoff Information aus dem energetischen

Blütenkörper der Pflanze auf, und die Kristallgeode wirkt als Leiter dieser Information. Sonnenschein ist bei dieser Art der Herstellung unentbehrlich, da sich die Aura einer Blüte unter Sonnenbestrahlung weiter ausdehnt und verstärkt. Die Geode wird direkt an die Blüte gehalten, und die Sonne verstärkt die Energieübertragung. Diese Arbeit, die eigentlich Meditation ist, dauert einige Stunden. Danach ist die sogenannte Mutteressenz der jeweiligen Pflanze hergestellt.

Während der Essenzenherstellung kann ich oft beobachten, dass die Tiere in der Umgebung reagieren, indem sie sich vermehrt zeigen. So kann es vorkommen, dass Schmetterlinge, Vögel und andere Tiere, die sich von dem Vorgang angezogen fühlen, auftauchen. Als ich die Herstellung der Amazonas-Flussessenz (ähnlich der Herstellung der Quellwasser-Essenz von Dr. Bach) gerade beendet hatte, hörte ich plötzlich ein Zischen – irgend etwas kam auf mich zu. Ich wurde etwas unruhig, da ich wusste, dass hier auch Kaimane und Anacondas leben. Fische sprangen aus dem Wasser, und ich sah nun, wie sich ein grosser Körper unter der Wasseroberfläche bewegte. Ich hielt den Atem an. In diesem Moment streckte ein rosaroter Delphin seinen Kopf aus dem Wasser und schaute mir mit einem herzhaften Lächeln geradewegs in die Augen. Diese Begegnung erfüllte mich mit einem besonders glücklichen Gefühl, denn es war, als ob der Delphin mir sagen wollte: „Gut, dass Du die Essenz gemacht hast." Genauso schnell wie er erschienen war, tauchte er wieder ab und war verschwunden.

Solche Begebenheiten zeigen anschaulich, wie sehr Tiere und andere Kräfte der Natur auf die Herstellung von Essenzen reagieren.

Essenzen in der Anwendung

Essenzen können die Bearbeitung und Bewusstmachung vielfältiger seelischer und körperlicher Prozesse unterstützen. Sie helfen bei der Verwirklichung unserer Potentiale, unserer Fähigkeiten und Begabungen, die wir immer schon in uns hatten, die jedoch noch nicht freigesetzt worden sind. Sie helfen uns bei allem, wofür wir offen sind, worüber wir uns bewusst werden und worin wir uns verändern möchten. Allerdings können sie die Arbeit nicht für uns tun. Es ist wichtig, Essenzen als Hilfsmittel zur Erkennung und Bewältigung mentaler, emotionaler und spiritueller Vorgänge zu verstehen. Sie dienen der Selbsterkenntnis bei Entwicklungsprozessen und erleichtern es dem Körper, seine geistigen Selbstheilungskräfte zu aktivieren.

Innerliche oder äusserliche Anwendung?

Immer wieder taucht die Frage auf, ob Essenzen innerlich oder äusserlich angewendet werden sollen. Generell ist beides möglich. Essenzen wirken schon, sobald sie in das Aurafeld des Körpers kommen. Die Essenzen auf die Hautzonen oder Energiechakren äusserlich aufzutragen, reicht daher meistens aus, um eine spezifische Wirkung zu erzielen. Viele Anwender haben die Erfahrung gemacht, dass das blosse Aufstellen der Fläschchen durchaus wirkungsvoll sein kann.

In der Regel nimmt man von dem Konzentrat einer Essenz zweimal täglich (morgens und abends) je ein bis zwei Tropfen ein oder trägt sie auf die Hautzone auf. Bei Bedarf und in Notfallsituationen können Sie die Einnahmehäufigkeit stark erhöhen (bis zu alle fünf Minuten).

Verdünnung oder Konzentration?

Jede Essenz kann grundsätzlich verdünnt werden, vor allem, wenn Sie sie innerlich anwenden, also einnehmen möchten. Für die innerliche Anwendung gilt prinzipiell: Nicht die Masse macht die Wirkung aus, sondern die Häufigkeit der Anwendung. Eine verdünnte einnahmefertige Mischung sollte in der Regel dreimal täglich zu je fünf Tropfen eingenommen werden.

Für die Verdünnung einer Essenz (Einnahmeflasche) geben Sie auf eine 30 ml-Pipettenflasche etwa ein Drittel guten Brandy oder Cognac und zwei Drittel Quellwasser, dazu sieben Tropfen aus dem Konzentratsfläschchen[5a], und verschütteln diese. Die Information überträgt sich so auf das Wasser. Der Brandy sorgt für die Konservierung. Wenn Sie keinen Alkohol verwenden möchten, beispielsweise in der Anwendung bei Kindern, können Sie diesen durch Obstessig oder pflanzliches Glycerin ersetzen. Bei Verdünnung nur mit stillem Wasser sollten Sie nur eine kleine Menge ansetzen, da diese Mischung nicht lange haltbar ist.

5a) Als Konzentrate werden die im Handel erhältlichen Essenzfläschchen bezeichnet.

Mischen von Essenzen

Prinzipiell können Sie Essenzen mischen und so für sich oder andere Anwender persönliche Kombinationen zubereiten. Falls sich beim Austesten (siehe nächstes Kapitel) für einzelne Essenzen unterschiedliche Einnahmezeiten und/oder -häufigkeiten ergeben, empfiehlt es sich, diese einzeln zu verwenden.

Aufbewahrung

Essenzen sollten nicht über längere Zeit grosser Wärme, elektromagnetischen Feldern oder direktem Sonnenlicht ausgesetzt werden. Es empfiehlt sich, sie in einem Holzschrank aufzubewahren.

Auf Reisen in warmen Ländern und im Fahrzeug sind die Konzentratsfläschchen die idealen Begleiter, da der Alkoholgehalt zur

Konservierung ausreicht. Bei Bedarf können die Konzentrate direkt oder zu Einnahmeflaschen verdünnt eingenommen werden. Für Einnahmeflaschen muss der Brandy-Anteil der Temperatur entsprechend verdoppelt werden.

Austesten der Essenzen

Vor jeder Anwendung sollte immer die Frage im Vordergrund stehen, ob ein Anwender gerade eine Essenz braucht. Blütenessenzen können prinzipiell auch bei längerem Gebrauch als völlig nebenwirkungsfrei angesehen werden. Sie wirken auf der Seelenebene des Menschen. Dagegen sind Orchideen-Essenzen sowie die Delph- und Wal-Essenz sehr hochschwingende Mittel, die starke Energien freisetzen können, was für manche Menschen speziell bei einigen Orchideen-Essenzen und der Wal-Essenz zu früh oder zu einem unpassenden Zeitpunkt erfolgen kann. Ein verantwortungsbewusster Umgang macht das vorherige Austesten notwendig. Nachfolgend werden häufig verwendete Testmethoden vorgestellt.

Für wen können Sie Essenzen einsetzen?

Blütenessenzen können Sie für sich selbst oder für andere Personen einsetzen. Führen Sie zuvor einen Test durch, um zu prüfen, welche Essenz benötigt wird. Dies gilt besonders für die oben erwähnten höherschwingenden Essenzen. Mit grossem Erfolg werden Essenzen übrigens auch bei Tieren und Pflanzen verwendet.

Methoden zum Austesten von Essenzen

Aufgrund der Vielfalt und Fülle an Essenzen, die dem Anwender heute zur Verfügung stehen, ist es wichtig, die Energie und Wirkung der jeweiligen Essenz gut zu kennen, um sie gezielt einsetzen zu können. So verhindert man, dass eine Essenz, die nicht zu dem betreffenden Menschen passt, vergebens verwendet wird. Auch wird nicht jede Essenz zu jedem Zeitpunkt von jedem Menschen benötigt. Manche Anwender suchen die benötigte Essenz so aus, dass sie die vom Hersteller angegebene Wirkung mit ihrer aktuellen Situation vergleichen. Noch präziser wird die Auswahl allerdings, wenn für jeden Anwender individuell ausgetestet wird. Die Präzisierung der Problematik bei der Fragestellung kann die Auswahl der in Frage kommenden Essenzen schon im Vorfeld begrenzen. Wählen Sie dazu eine der nachfolgenden Testmethoden.

Intuitive Bildauswahl

Manche Hersteller bieten für ihre Blütenessenzen Bildkarten an. Der Betrachter erspürt, welche von den ausgelegten Karten ihn besonders ansprechen. Anhand der ausgewählten Karte kann die jeweilige Essenz bestimmt werden. Manche Anwender berichten sogar, dass allein über die Wirkung der Bilder eine Veränderung ihres Befindens eingetreten sei. Die Karten können auch umgedreht ausgelegt und intuitiv gezogen werden.

Intuitive Handauswahl

Nehmen Sie die in Frage kommende Essenz in Ihre Hand und erspüren Sie, ob es die Essenz ist, die Sie benötigen. Sensitive Menschen können die Reaktion darauf zum Beispiel als energetisches Kribbeln oder als starkes Wärmegefühl wahrnehmen.

Kinesiologischer Muskeltest

Bevor Sie eine Essenz austesten, empfiehlt es sich, einen Grundtest durchzuführen. Der linke Arm der Testperson hängt locker am Körper herunter, während der rechte Arm waagrecht im 90°-Winkel vom Körper gestreckt wird. Die Testperson macht nun eine bestimmte Aussage, zum Beispiel: „Mein Name ist ...", während Sie den rechten Arm der Testperson hinunterzudrücken versuchen. Das Prinzip dabei ist, die Intensität der Muskelspannung zu erspüren, die die Testperson bei ihrer Aussage aufwenden muss, um Ihrem Gegendruck standzuhalten. Dabei sollte auf beiden Seiten kein Kraftaufwand betrieben, sondern nur so stark gedrückt werden, dass das Sperren des Armes gespürt wird. Am Anfang mag das etwas Übung erfordern, aber mit der Zeit können Sie einen deutlichen Unterschied zwischen „schwachen" und „starken" Muskelreaktionen wahrnehmen. Ein „starker" Muskel bedeutet, dass der Körper mit der Aussage einverstanden ist, ein schwacher Muskel bedeutet „Nein".

Bei einer starken Reaktion auf obige Aussage empfiehlt sich ein weiterer Vortest. Die Testperson gibt dabei bewusst einen falschen Namen an und hat so die Möglichkeit, die Reaktion ihrer Muskeln auf Nichtstimmiges oder Falsches zu erfahren und so ein Gefühl für den Unterschied zwischen „Ja" und „Nein" zu entwickeln. Die testende Person kann darüber hinaus feststellen, ob sie in diesem Moment in der Lage ist, die Tests mit ihrem Gegenüber durchzuführen. Ist dies der Fall, folgt die Frage: „Brauche ich eine Essenz?" oder auch: „Kann mich eine Essenz in meinem Prozess unterstützen?" Nach einem „Ja" können Sie mit dem Test der Einzelessenzen beginnen, indem Sie der Testperson die jeweiligen Essenzen einzeln in die Hand geben. Die dabei gestellte Frage könnte zum Beispiel lauten: „Ist das die Essenz, die ich benötige?" Genauso können die Dosierung und die Anwendungszeit erfragt werden. Beachten Sie, dass sich alle Aussagen auf die momentane Lage beziehen, wodurch zu späteren Zeitpunkten neue Tests erforderlich werden.

Radiästhesie oder Pendeln

Definieren Sie durch Vortests zuerst, welche Bewegung des Pendels bei Ihnen für „Ja" bzw. „Nein" steht. Danach wird das Pendel ruhig über die einzelnen Flaschen gehalten. Konzentrieren Sie sich auf die Frage, zum Beispiel: „Benötige ich die Essenz?" Es ist ratsam, mit Blindversuchen zu arbeiten, also das Etikett der Flasche zu verdecken und eine neutrale Flasche, die zum Beispiel mit Wasser gefüllt ist, gleichberechtigt zu testen. Damit können Sie einer Beeinflussung des Prozesses durch Selbstkontrolle entgegenwirken.

Pulstest

Der aus der chinesischen Medizin stammende Pulstest ist eine zuverlässige Methode, wenn sie nach sorgfältiger Übung präzise angewandt wird. Sie können damit unmittelbare Reaktionen des Körpers auf die Essenzen erspüren. Testen Sie hierbei den Puls im Bereich des verlängerten Daumens entlang der Innenseite des Handgelenks, indem ein oder mehrere Finger aufgelegt werden. Niemals mit dem Daumen testen, da dieser selbst einen Puls hat. Zunächst wird der Puls im neutralen Zustand der Testperson erfühlt. Nehmen Sie mit der anderen Hand die zu testende Essenzflasche in die Hand und führen Sie sie langsam zum Körper der Testperson. In etwa 40 Zentimeter Abstand zum Körper zeigt sich eine Intensivierung des Pulsschlags der Testperson, falls diese auf die Essenz anspricht. Es ändert sich die Stärke des Pulses, nicht seine Frequenz. Nun wird die Essenz abrupt weit vom Körper weggezogen. Zählen Sie nun, wie oft der Puls intensiver schlägt, nachdem Sie die Flasche zurückgezogen haben. Der Körper reagiert dabei auf die ihm fehlende Information und „verlangt" diese

zurück. Wenn Sie mehr als sieben stärkere Pulsschläge zählen konnten, dürfen Sie davon ausgehen, dass der Körper diese Essenz benötigt. Es handelt sich hier um eine sehr feine und sensible Testmethode, die zunächst eine gewisse Übung erfordert.[5b)]

Die Rolle des Testenden

Diesen Punkt sehen wir als besonders wichtig an für alle, die therapeutisch mit Essenzen arbeiten, das heisst, diese anderen Menschen empfehlen oder an ihnen austesten. Achten Sie darauf, dass Sie selbst zunächst ausgeglichen und stabil sind. Auch sollten Tester und Testperson bzw. Therapeut und Anwender ein grundlegend positives Vertrauensverhältnis zueinander besitzen. Alle negativen Gedanken und Gefühle sind ebenfalls Schwingungen, die in die Arbeit mit einfliessen. Gerade bei der Arbeit in feinstofflichen Bereichen sollte sich jeder der Verantwortung gegenüber seinen Anvertrauten bewusst sein, sich um die Klärung seines Geistes bemühen und seine Gefühle unter Kontrolle halten können.

5b) Im Rahmen einer Ausbildung der Blütenakademie finden regelmässig Kurse zum Erlernen der Testmethoden für Essenzen statt.

Die Wirkungsebenen der Essenzen

Je nachdem, ob Essenzen die Energie von Blüten, Edelsteinen, Pilzen, Delphinen oder Walen beinhalten, wirken sie auf unterschiedlichen Ebenen des menschlichen Körpers bzw. Energiesystems. Diese Wirkungsebenen weisen eine Analogie zum jeweiligen biologischen Standort oder Vorkommen, besonders bezüglich der Erdoberfläche, auf. Die Anwendungsweise einer Essenz kann der Wirkungsebene entsprechend erfolgen.

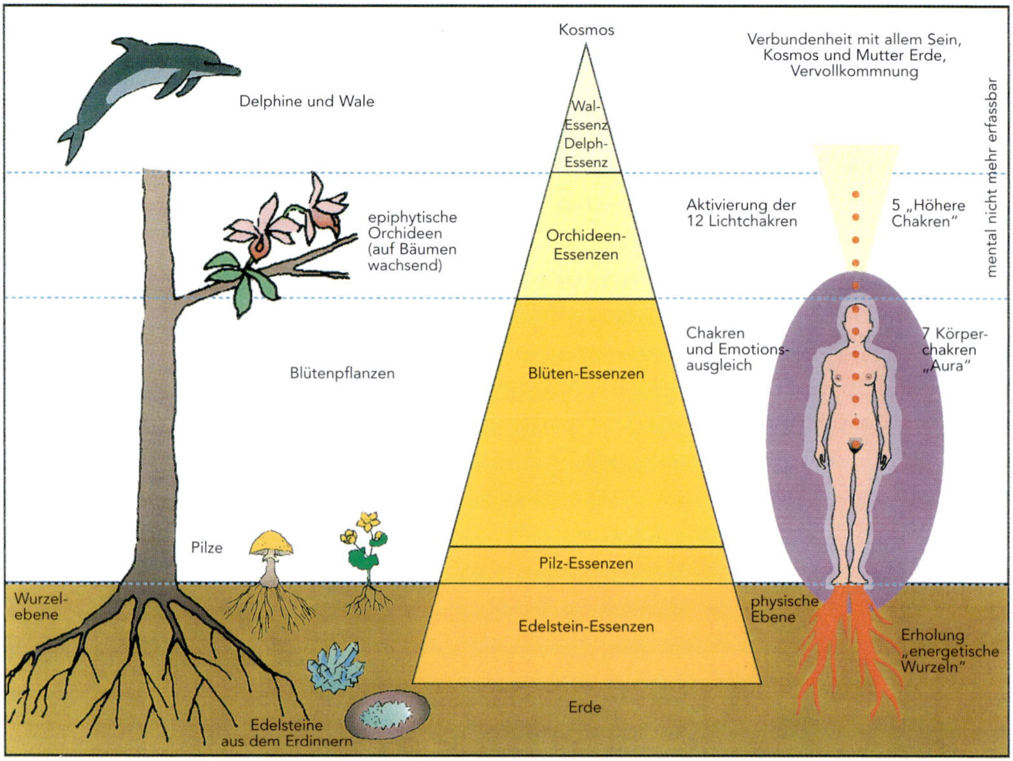

Aura

Neben dem physischen, für uns sichtbaren Körper gibt es weitere feinstoffliche oder energetische Körperebenen, die als Aura bezeichnet werden. Besonders sensitive Menschen können die Aura wahrnehmen, zum Beispiel indem sie ihre Farben sehen.

Chakren

Der Begriff Chakra kommt aus dem Sanskrit und bedeutet „Rad". Chakren sind feinstoffliche Energiezentren des Körpers, die sich ständig drehen und Lebensenergie aus dem Kosmos aufnehmen.

Es gibt sieben bekannte *Hauptchakren*, denen verschiedene Farben und Funktionen zugeordnet sind:

Chakra-Nr.	*Farbe*	*Qualität*	*Sitz*
1.	Rot	Erdverbindung	Steissbein, Damm
2.	Orange	Schöpferische Kraft	Sexualbereich, unter dem Nabel
3.	Gelb	Willenskraft	Solarplexus, Magen
4.	Grün	Herzensgüte	Herzregion
5.	Hellblau	Kommunikation	Kehlkopf
6.	Indigoblau	Intuition	Drittes Auge, Stirnmitte
7.	Violett	Verbindung zu höheren Dimensionen	Scheitel

Weitere, sogenannte *höhere Chakren* liegen oberhalb des Kopfes.

Edelsteinelixiere

Natürlicher Standort:	im Erdinnern
Wirkung/ Wirkungsebene:	erdend, physische Ebene
Anwendung:	direkt auf das betreffende Chakra legen oder einige Tropfen an der gewünschten Stelle in die Haut einreiben; auch als Zusatz in Massageöl oder Creme sowie innerliche Anwendung möglich

Pilzessenzen

Natürlicher Standort:	Waldboden, teilweise über (Sporenträger), teilweise unsichtbar unter der Erde (Mycel)
Wirkung/ Wirkungsebene:	Hutpilze sind nach unten hin geöffnet und reflektieren somit die Energie der Erde; emotionale Ebene, erdend, bringen Veränderungen der Blütenessenzen in unserem Emotionalkörper auf die Ebene des physischen Körpers; integrieren aufgenommene Energie auf der Zellebene
Anwendung:	direkt auf die Haut auftragen; auch als Zusatz in Massageöl oder innerlich anwendbar

Blütenessenzen

Natürlicher Standort:	meist deutlich über der Erde, und zugleich mittels Stengel bzw. Stamm und Wurzeln mit der Erde verbunden; Blüten sind meist nach oben hin geöffnet und reflektieren das Licht der Sonne und des Universums

Wirkung/ Wirkungsebene:	ausgleichend; je nach Blüte gleichzeitig wirksam auf physischer, emotionaler, ätherischer und/oder astraler Ebene
Anwendung:	wirkt über die Aura bereits im Abstand von 0,5 bis 1 Meter zum Körper; kann eingenommen, auf die Haut aufgetragen oder einer Creme bzw. einem Massageöl beigemischt werden

Orchideenessenzen

Natürlicher Standort:	viele Orchideen leben auf Bäumen (epiphytisch)
Wirkung/ Wirkungsebene:	mentale und spirituelle Ebenen, höhere Chakren, die 0,5 bis 4 Meter über dem Scheitel liegen (Informationsebene)
Anwendung:	Wirkung schon bei grösserem Abstand zum Körper; äusserliche und innerliche Anwendung möglich

Delph- und Wal-Essenz

Natürlicher Standort:	Meer
Wirkung/ Wirkungsebene:	wellenförmig (mit zunehmender Distanz zum Körper nicht linear abnehmend); kann bis zu einem Abstand von 40 Metern wahrgenommen werden; emotionale Ebene (Delph), geistig-spirituelle Ebene (Wal-Essenz)
Anwendung:	schon aus grösserer Distanz zum Körper wirksam; kann auch eingenommen, auf das Dritte Auge auf- oder am Körper getragen werden

KAPITEL IV

Die Delph-Essenz

Die Entstehungsgeschichte der Delph-Essenz

Andreas Korte erzählt

Die Idee zur Herstellung der Delph-Essenz entwickelte sich aus einer Reihe faszinierender „Zufälle". Alles begann natürlich mit meiner ersten Begegnung mit Delphinen.

Als ich vor Jahren einen Kurs an der Universität von La Laguna gab, kam am Ende des Seminars eine Frau auf mich zu. Sie erzählte mir, sie sei hellhörig und hätte einige Botschaften erhalten, die wohl für mich bestimmt wären. Zuerst war ich etwas befremdet, andererseits, als sie mir die Blätter einfach hinlegte – warum sollte ich sie nicht lesen? Den Inhalt der Botschaft fand ich allerdings sehr interessant und stimmig. Der Anfang handelte allgemein von Essenzen. Ich solle vorsichtig sein, manche würden bis an die Grenze einer neuen Dimension gehen. Damit waren die Orchideen gemeint, deren hoher Schwingung ich mir jedoch sehr wohl bewusst war. Weiterhin war zu entnehmen, dass ich mich vorbereiten solle. Demnächst käme die Entdeckung einer sehr speziellen Essenz auf mich zu. Diese Essenz hätte die Wirkung eines „permanenten inneren Glücksgefühls" oder einer „ewigen inneren Jugend". „Das klingt ja gut, – ich bin gespannt, was sich in dieser Hinsicht ereignen wird", dachte ich, denn mehr sollte ich zu diesem Zeitpunkt wohl noch nicht erfahren. Allmählich vergass ich diese Begebenheit wieder.

Einige Monate später, während einer Forschungsreise im Amazonas, erhielt ich eines Nachts im Traum eine Botschaft: „Mit dem nächsten Vollmond." Das war alles. Kurz darauf reisten wir für einen kleinen Weihnachtsurlaub an die Nordküste von Kolumbien. Wir fuhren mit einem Boot auf eine kleine Insel, in deren Nähe sehr viele Delphine leben. Sofort ging ich, begleitet von einer Freundin, ins Wasser, um mit ihnen zu schwimmen. Der Sonnenuntergang zeigte sich in roten, gelben, orangen, grünen und blassgrauen Tönen. Wolken am Horizont gaben die Illusion von fernen Landschaften.

Plötzlich schoss ein Delphin auf mich zu, ich hielt den Atem an und hoffte, dass mir nichts passieren würde. Knapp vor meinem Bauch stoppte er ab. Mir schien es, als wollte er erspüren, ob ich Angst hätte. Mir war tatsächlich etwas mulmig zumute, immerhin waren es über zwei Meter grosse Tiere, aber mein sicheres Gefühl, dass mir nichts passieren könne, war stärker. Dann begannen sie, um uns herum zu schwimmen und mit uns zu spielen. Als einer der Delphine sich mir in einer Weise näherte, die mir das Gefühl vermittelte, ihn vielleicht berühren zu dürfen, streckte ich ganz vorsichtig meine Hand aus. Seine Haut fühlte sich zart und verletzlich wie Seidenpapier an. Während der ganzen Zeit hörte ich, den Kopf unter Wasser, ihr typisches Klicken und Pfeifen. Ich hatte das Gefühl, mein Herz würde zerspringen vor Freude, und mir war, als würden alle Chakren meines Körpers gleichzeitig stimuliert und gereinigt.

Ich arrangierte es, auf der Insel bleiben zu können und wartete, bis alle Menschen, die mit mir die Insel besucht hatten, zurückgefahren waren, denn ich wollte die Delphine in der Nacht alleine treffen. Ich fühlte einen starken Drang zu bleiben, fast als würden die Delphine mich rufen und auffordern: „Jetzt komm endlich und tue etwas..." Als ich in den Himmel schaute,

lösten sich die Rätsel der vorhergehenden Ereignisse: Es war Vollmond! Die silbern glänzende Kugel spiegelte sich funkelnd im tiefblauen Meer. Tausende von Sternen standen am Firmament dieser wunderbaren Tropennacht. Ich sah die Weite des Meeres, der Wind rauschte und vermischte sich mit dem rhythmischen Schlagen der Wellen. Deutlich spürte ich, dass dies der Moment für die Herstellung einer Essenz mit der Energie der Delphine war.

Ich setzte mich auf die Spitze des Stegs, der von der Insel zum Meer hinausführte, und wartete. Bald schon kamen sieben Delphine von allen Seiten angeschwommen. Voller spielerischer Freude sprangen sie hoch und tauchten wieder unter, als könnten sie es gar nicht abwarten, dass ich endlich mit der Herstellung begann. Ein einzigartiger, wunderschöner Augenblick – aber ich fragte mich, wie ich die freudvolle Energie der Delphine

in das Quellwasser meiner Geode übertragen könnte. Die Pflanzen, mit denen ich bisher arbeiten durfte, blieben an dem Ort, an dem sie wuchsen, und erlaubten mir, meditativ und in aller Ruhe mit ihnen zu arbeiten. Aber diese verspielten lustigen Genossen waren immer in Bewegung. Mit der Kristallgeode in der Hand sass ich deshalb zuerst einmal nur da und beobachtete sie. Dann begann ich, mich auf die Herstellung einer Essenz einzustimmen.

In diesem Moment entwickelte sich ein intensives Gefühl der Verbundenheit mit den Delphinen. Solange dieses mir zeitlos erscheinende Einssein mit ihnen währte, konnte ich wie sie fühlen und wahrnehmen. Ich spürte ihr Bewusstsein und nahm ihre Verbindung mit dem Universum, speziell mit dem Planeten Sirius, wahr. Plötzlich sah ich vor meinem inneren Auge ein Licht zu den Delphinen kommen und von ihnen ausgehend in die Geode strömen. Ein unsagbares Gefühl der Dankbarkeit breitete sich in mir aus. Ich wusste, die Essenz war hergestellt.

Nun geschah etwas Seltsames. Bisher wusste ich nur wenig über Delphine, denn ich hatte mich weder für das Thema interessiert, noch war mir vorher etwas über sie zugetragen worden. Doch von dem Moment an, als diese Lichterscheinung auftrat, erreichte mich auf intuitivem Weg eine wahre „Sturzflut" von Informationen. Ich erfuhr, warum die Delphine jetzt für den Menschen als Helfer in Erscheinung treten und welche Aufgabe sie für die Erde haben. Ich lernte, dass die Delphine schon vor unserer Zeit auf diesem Planeten gelebt haben, und zwar an Land, bevor sie wieder ins Meer zurückkehrten. Sie gingen zurück, als die Spezies Mensch die Erde zu bevölkern begann. Die Delphine wussten, dass der „unbewusste" Mensch ihnen gefährlich werden würde. Jetzt, zum Wechsel in das Wassermann-Zeitalter, haben die Menschen eine Entwicklungsstufe erreicht, die ihnen die Transformation in eine völlig neue Dimension ermöglicht. Die Delphine sind dabei unsere Helfer, sie können uns zeigen, wie wir unser Herz öffnen und die Verbindung mit allem Sein herstellen können. Ihre tiefe Verbundenheit mit allem Leben und ihre Liebe für das Leben ist grenzenlos. Als bewusste Wesen und Mittler zwischen den Welten haben sie die Aufgabe, uns für die Transformation zu öffnen.

In der folgenden Zeit begann ich, alle möglichen Informationen zu sammeln, welche mir über die verschiedenen Arten der Delphine, ihr Leben und Verhalten, sowie über wissenschaftliche Forschungen und Erkenntnisse Auskunft geben konnten. Dabei stiess ich auch auf einen Artikel in einer kanadischen Zeitschrift, der die Botschaften der Delphine ganz ähnlich beschrieb, wie ich sie während der Herstellung der Delph-Essenz empfangen hatte. Es war für mich eine grosse Freude zu erfahren, dass die Delphine ihr Wissen an verschiedenste Menschen weitergeben.

Einer der Delphine, der bei der Herstellung der Delph-Essenz beteiligt war.

Die Wirkungen der Delph-Essenz

Welches ist nun der Nutzen der Delph-Essenz und wozu kann man sie einsetzen? Schon während der Herstellungsarbeit war deutlich zu spüren, dass eine starke Energie von ihr ausging. Solch ungewöhnliche, angenehme Empfindungen hatte ich in dieser Intensität bei keiner anderen Essenz zuvor erlebt. Ich empfand so grossen Respekt und Demut gegenüber der Delph-Essenz, dass ich zunächst beabsichtigte, sie nur einem kleinen, ausgewählten Kreis von Heilpraktikern und Ärzten zum Testen zu geben.

Ein paar Tage nach der Herstellung der Essenz flog Sandra, die mich auf der Reise begleitet hatte, in die Schweiz zurück. Ich füllte etwas von der Essenz in eine Cognacflasche ab und gab sie ihr zur Verwahrung mit. Sandra stellte sie im Hause ihrer Mutter, die als Therapeutin mit Blütenessenzen arbeitet, in ein Regal.

Bald darauf erhielt diese wiederholt ungewöhnliche Rückmeldungen in Bezug auf die Wirkung von Blütenessenzen, die in dieser Intensität noch nie aufgetreten waren. Ihre KlientInnen berichteten von einem starken inneren Glücksgefühl oder einem plötzlich aufgetretenen Stimmungswandel von Niedergeschlagenheit und Depression hin zu innerer Freude.

Erste Wirkungen zeigen sich

Die Therapeutin erkannte, dass hier gehäuft Wirkungen eingetreten waren, die nicht von den Blütenessenzen allein stammen konnten. Als sie daraufhin ihre Essenzen überprüfte, stellte sie zu ihrem Erstaunen fest, dass sie „falschen" Alkohol verwendet hatte: Statt des üblichen Alkohols hatte sie zur Verdünnung der Blütenessenzen nichtsahnend die reine Delph-Essenz aus der Cognacflasche verwendet!

Die wichtigsten Qualitäten der Delph-Essenz:

❤ *Universelle Liebe*

Auf ihren grösstmöglichen Nenner gebracht, ist Delph eine Essenz der Liebe, des Lebens und der Verbundenheit allen Seins. Universelle Liebe – eine Liebe, die nicht auf etwas Besonderes gerichtet ist, sondern alles und alle gleichermassen einschliesst – ist der Kern der Botschaft der Delphine und zugleich der Kern der energetischen Information, die uns die Delph-Essenz übermittelt.

❤ *Aktivierung der Lebensenergie (Chi)*

Delphine strahlen viel Lebensenergie und Vitalität aus. Diese Energie (chin. Chi genannt) kann man gut wahrnehmen, wenn man mit Ihnen schwimmt und sich dabei selbst sehr frisch und lebendig fühlt. Wenn sich Müdigkeit und Trägheit bemerkbar machen, kann die Delph-Essenz uns durch ihre Impulse zu neuer Frische verhelfen.

❤ *Unterstützung bei Transformationsprozessen*

Die Delph-Essenz kann jede Art von psychischer Neugeburt unterstützen, wenn Transformationsprozesse uns zur Verabschiedung alter Realitäten zwingen, sei dies der Abschied von einem Menschen, einem vertrauten Ort, einer Lebensphase oder von einer Identität, über die es Zeit ist hinauszuwachsen. Delph verbindet uns mit unserer tiefen Erinnerung an das Gefühl der Einheit in uns und hilft uns dadurch, vertrauensvoll zuzulassen, dass wir in etwas Neues hineingeboren werden.

❤ *Spiel und Freude*

Eine der zentralsten Botschaften, die uns die lächelnden Delphine und die Delph-Essenz vermitteln, heisst: Spiele Dein Leben, und spiele es mit Freude, Heiterkeit und Leichtigkeit. Lass Dich vom Strom der Wellen tragen und vertraue, dass alles nach göttlichem Plan verläuft. Wer vertraut, statt sich mit Angst gegen den Strom zu stellen und sich abzuquälen, ist frei, mit seinem ganzen Potential sich selbst zu sein.

❤ *Öffnung des Herzens*

Delph öffnet unser Herz liebevoll und bringt uns unserer inneren Stimme näher. Ein offenes Herz erlaubt uns, uns wirklich berühren zu lassen, unsere Gefühle wahrzunehmen, anzunehmen und zum Ausdruck zu bringen. Wir lernen so, uns nicht mehr vom Solarplexus, sondern von unserem Herzen leiten zu lassen. Alle Heilung geht über das Herz.

❤ *Loslassen von Ängsten*

Was uns unsere Herzen verschliessen lässt, sind in erster Linie unsere Ängste, die wir aufgrund von Verletzungen in der Vergangenheit in uns tragen. Indem Delph unser Urvertrauen und damit den Teil in uns, der sich unabhängig von äusseren Umständen sicher und geborgen fühlt, stärkt, hilft uns die Essenz auch, unsere Ängste zu erkennen, zu akzeptieren und loszulassen. Mehr und mehr vermögen wir uns den Stürmen des Lebens delphinhaft mit Souveränität, Freude und Eleganz zu stellen.

❤ *Ausgleich der Gehirnhemisphären*

Die Delph-Essenz bewirkt eine Aktivierung der oft weniger entwickelten und benutzten rechten Hirnhemisphäre, die für intuitive Fähigkeiten zuständig ist. Danach aktiviert sie auch die linke, eher analytisch orientierte Hemisphäre und unterstützt schliesslich einen Ausgleich der beiden. Durch ein ausgeglicheneres Zusammenwirken der beiden Gehirnhälften ist eine ganzheitlichere Wahrnehmung möglich. Diese Wirkung wird von vielen Anwendern der Delph-Essenz beschrieben. (Siehe auch Sonderteil, „Integration der Hemisphären")

❤ *Schutz und Reinigung*

Delph kann wie ein Joker in vielen Situationen verwendet werden. Unter den Blütenessenzen würde im Vergleich die Lotus-Essenz als Joker gelten. Für manche Anwender ist die Delph-Essenz eine „Alles-in-einer-Essenz", ein praktischer Begleiter für alle Situationen. Ihre harmonisierende, schützende und auf allen Ebenen stark reinigende Energie wirkt sich auf alle Chakren gleichzeitig aus.

Daniele Laberge, eine inzwischen verstorbene hellsichtige Frau aus Quebec (Kanada), berichtete von ihren persönlichen Empfindungen und Wahrnehmungen zur Delph-Essenz:

„Diese Essenz besitzt eine äusserst hohe Energie, eine grosse Kraft, ich möchte sie fast nennen: Die Kräfte des Evolutionsgesetzes in Aktion. Ich habe Respekt vor ihr, man sollte sie zunächst sparsam verwenden, da sie sehr viel aktivieren kann. Man sollte ein stabiles emotionales Gleichgewicht haben, wenn man sie anwendet. Die Wahl des Augenblicks der Anwendung ist von Bedeutung. Sie wandelt Bewusstsein und gehört zu den Gedankenformen der Zukunft, sie kann eine durch und durch tiefe Integration auf allen Ebenen des Seins und der Realität unserer eigenen Göttlichkeit zulassen. Der Bewusstseinsfortschritt lässt Intuition und die unmittelbare Selbsterkenntnis in unsere Lebenserfahrung einfliessen.

Demut scheint mir eine ganz wichtige Voraussetzung zu sein für die Begegnung mit dieser Essenz. Ich fühle, dass sie verbunden ist mit der subtilen Kommunikation, die in der Zeit von Atlantis möglich war. Jetzt ist diese Möglichkeit mit der Delph-Essenz in voller Stärke zurückgekehrt, aber mit der Notwendigkeit eines grossen Verantwortungsgefühls. Gewisse emotionale Mechanismen, Programme, die den Menschen beschränken, müssen zuvor bearbeitet sein, um sich dieser neuen Freiheit des Seins öffnen zu können.

Aber solange die Essenz im richtigen Moment genommen wird, in guter, ausgeglichener Geistesverfassung, ist es, als würde man gerufen werden, als würde man eine Tasse halten, die man seit der Kindheit in den Händen gehalten hat und die niemals gefüllt worden ist, und die man jetzt mit reinem, frischen Wasser gefüllt sieht. Wenn das Wasser bis zur Höhe der Tasse steigt und sich einpendelt, hat man verstanden, und sobald das Wasser überfliesst und unsere Haut berührt, fühlt man sich geliebt.

Die Essenz wirkt auch im mentalen Bereich, jedoch in einer höheren geistigen Sphäre. Mir fällt ein Zitat von Goethe ein, das sich meiner Empfindung annähert: „Das grösste Glück für eine Person, die denkt, ist, erforscht zu haben, was erfasst werden kann und sich in Frieden im Unbegreiflichen auszuruhen."

Wirkungsnachweis der Delph-Essenz auf die Gehirnaktivität

In der Zeit nach der Herstellung der Delph-Essenz erhielt ich von zahlreichen Anwendern verschiedenste Bestätigungen über ihre Wirkung. Ein Jahr später lernte ich den Physiker und Psychologen Günter Haffelder kennen, der in seinem Institut für Kommunikation und Gehirnforschung in Stuttgart, in dem Fachleute aus den Bereichen Biologie, Pädagogik, Psychologie, Medizin und Informatik arbeiten, in über zwanzig Jahren Forschungsarbeit das EEG-Messverfahren weiterentwickelt hat. Mit der sogenannten EEG-Spektralanalyse ist es möglich, energetische Schwingungsphänomene zu untersuchen. Ich war glücklich über die Begegnung mit diesem Mann, da ich nun eine Möglichkeit sah, die Wirkung von Essenzen auf den Menschen durch ein objektives Messinstrument überprüfen zu lassen.

Das EEG misst Gehirnwellen in Schwingungen pro Sekunde, wobei man vier Frequenzbereiche unterscheidet: die Alpha-, Beta-, Theta- und die langsamen Deltawellen. Die EEG-Messmethode leistet eine sehr präzise Darstellung und Beschreibung der Gehirnstromaktivität und ermöglicht dadurch detaillierte Interpretationen dessen, was sich in der unendlichen Komplexität des menschlichen Geistes im Gehirn abspielt.

Die Analyse bezieht nicht nur die Aktivitäten der Hirnrinde (Cortex) mit ein, sondern auch Signale des Limbischen Systems, welches evolutionsgeschichtlich zu den älteren Gehirnstrukturen zählt. Limbische Strukturen sind wesentlich an der Steuerung von Verhaltens- und Denkprozessen beteiligt, die emotionales Erleben bedingen. Das limbische System hat im Laufe der Evolution vielfältige neuronale Verbindungen zum Neocortex neu geknüpft. Dieses Zusammenwirken beider Hirnebenen ist einer der Gründe, die es dem Menschen ermöglichen, komplexe Gefühlszustände wahrzunehmen und nuanciert auf diese zu reagieren. Dadurch konnte der Mensch im Vergleich zu einfacheren Lebensformen einen Zugang zu höheren Bewusstseinsformen entwickeln. Durch die Messung der Signale des Limbischen Systems leitet Günter Haffelder hohe Anteile von Deltawellen ab, die er neu entschlüsselt und die es ihm ermöglichen, verschiedene Bewusstseinszustände wissenschaftlich messtechnisch zu erfassen.

Was nun im Zusammenhang mit dem Thema dieses Buches von besonderer Bedeutung ist, ist Haffelders Forschung im Bereich von aussersinnlichen Wahrnehmungen, medialen und tranceartigen Zuständen. Aufgrund einer grossen Zahl von Messungen an Geistheilern und Medien stellte er fest, dass das Gehirn mit einer deutlichen Erhöhung der Deltawellen reagiert, sobald ein Mensch Kontakt zu anderen Ebenen der Wahrnehmung hat, unabhängig davon, welcher Art dieser Kontakt ist. Wie der folgende Test zeigt, wurde ein ähnliches Phänomen anhand der Delph-Essenz festgestellt.

EEG-Messung mit der Delph-Essenz

Für die EEG-Messung wurden der Testperson verschiedenste Fläschchen in die Hand gegeben, darunter auch die Delph-Essenz. Dabei war für die Testperson nicht ersichtlich, um welches Fläschchen es sich jeweils handelte.

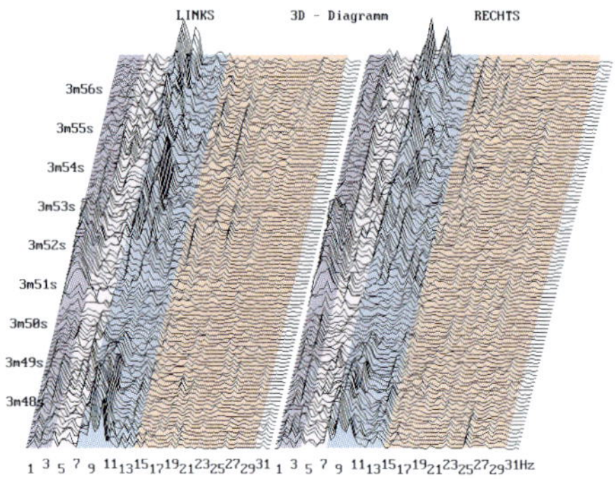

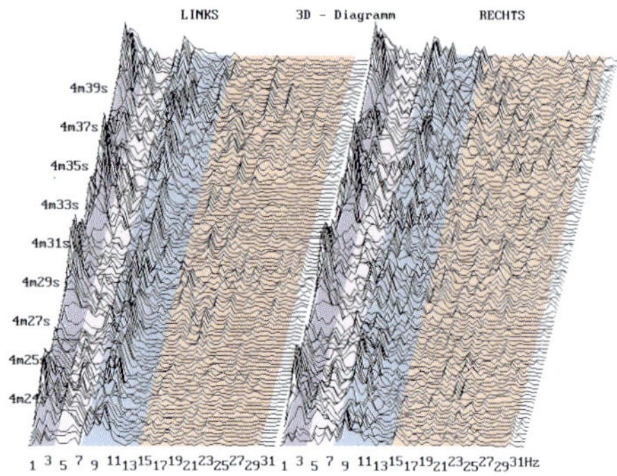

3 D-Darstellung der Gehirnwellenaktivität beim Kontakt mit der Delph-Essenz. Linke und rechte Hemisphäre sind getrennt dargestellt.[6)]

Aufteilung der Gehirnfrequenzen (Hertz = Schwingungen pro Sekunde)

- Beta-Bereich, ca. 14 – 30 Hz.: Mentale Aktivität und wacher, nach aussen gerichteter Zustand; Kontrolliertheit; überraschtes Erstaunen; Furcht.
- Alpha-Bereich, ca. 7 – 14 Hz.: Entspannte Konzentration; ruhiges, gelassenes Denken; Fähigkeit, grössere Mengen von Informationen zu verarbeiten; erhöhte Empfänglichkeit für Suggestitionen.
- Theta-Bereich, ca. 3,5 – 7 Hz.: Ruhiger Zustand; gesteigertes plastisches Erinnerungsvermögen; Phantasie; bildhafte Vorstellung; Meditation; Traum.
- Delta-Bereich, ca. 1 – 3,5 Hz.: Tiefschlaf; Trance, aussersinnliche Wahrnehmung

6) Quelle: Institut für Kommunikation und Gehirnforschung IKG, Stuttgart, Günter Haffelder

Vertikal: Zeitachse mit Minuten und Sekundenangabe
Horizontal: Schwingungen pro Sekunde (Hertz)

Aus dem Diagramm wurde eine deutliche Zunahme der Aktivität im Deltawellenbereich zwischen 1 Min. 56 Sek. und 4 Min. 13 Sek. ersichtlich. In diesem Zeitraum hielt die Testperson die Delph-Essenz in der Hand. Bei den Abbildungen handelt es sich um zwei Teilausschnitte des Diagramms im Bereich von 3 Min. 48 Sek. bis 3 Min. 56 Sek. und von 4 Min. 24 Sek. bis 4 Min. 39 Sek.

Die Messung macht also eine Wirkung der Delph-Essenz auf die Gehirnaktivität des Anwenders deutlich sichtbar, und zwar im Sinne eines veränderten Bewusstseinzustandes. Die Tatsache, dass die Wirkung der Delph-Essenz nicht genauer definiert werden kann, stellt keinesweg die Vielfalt all der subjektiven Gefühle, Intuitionen und anderen Wahrnehmungen, die Menschen mit der Delph-Essenz immer wieder erfahren, in Frage, sondern sie macht das Wirkungsspektrum um ein objektives Kriterium reicher.

Anwendungsmöglichkeiten der Delph-Essenz

Delph kann wie andere Essenzen innerlich wie auch äusserlich angewendet werden:

Innerliche Anwendung

- Als Konzentrat oder als Verdünnung unter die Zunge geben
- Einige Tropfen einem Glas Trinkwasser beimischen
- Als Einzelessenz oder gemischt mit anderen Essenzen einnehmen

Äusserliche Anwendung

- Fläschchen im Raum aufstellen
- Fläschen bei sich tragen (in Hosen- oder Brusttasche) oder Delph-Anhänger umhängen
- Mit der Essenz Hautpartien einreiben (Puls, Schläfe, Drittes Auge, Herzchakra etc.)
- Tropfenweise einer Creme oder einem Massageöl beimischen
- Im Zerstäuber als Raumspray benützen
- Als Badezusatz

Delph spricht das Herz an. Sie können die Essenz also grundsätzlich immer dann anwenden, wenn Sie diese spielerische, liebevoll-nährende Energie wünschen. Wenn Sie in der therapeutischen Anwendung unsicher sind, ob jemand die Essenz im Moment benötigt, so verwenden Sie eines der beschriebenen Testverfahren. Dies ist besonders dann wichtig, wenn es um eine gezielte Massnahme für ein bestimmtes Problem geht. Der Einsatz von Delph kann sich jedoch nicht schädlich auswirken. Nachfolgend finden Sie einige Anregungen für die vielfältigen Anwendungsmöglichkeiten der Delph-Essenz.

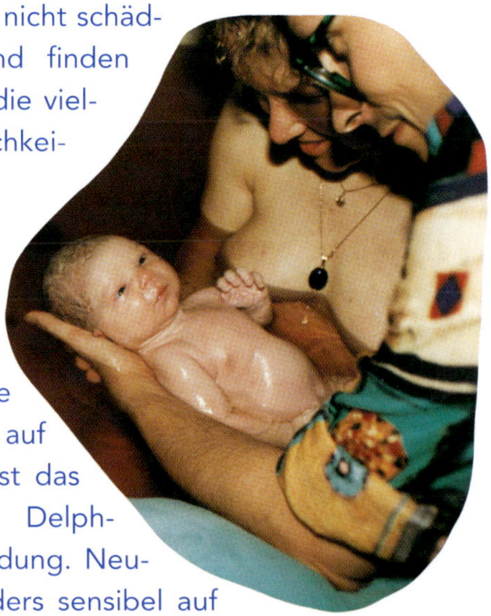

„Geburtshelfer" Delph

Eine Möglichkeit, auf recht unspektakuläre und unauffällige Art und Weise Babies ein sanftes Eintreffen auf der Erde zu ermöglichen, ist das Aufstellen einer Flasche Delph-Essenz während der Entbindung. Neugeborene reagieren besonders sensibel auf

feinste Schwingungen in ihrer Umgebung. Allgemein reagieren Kinder besonders gut auf Essenzen, bei Babies kann man davon ausgehen, dass sie sofort in Resonanz mit Schwingungen gehen, die freudvoll und harmonisch sind. Mittlerweile arbeiten viele Hebammen bei Geburten mit der Delph-Essenz. Aufgrund der starken Ausstrahlung reicht es, die Delph-Essenz einfach in die Nähe der werdenden Mutter zu stellen oder den Bauch einzureiben. Hebammen berichten, dass besonders bei Erstgebärenden die Geburt viel entspannter und gelöster verläuft.

Dr. Eugen Drzymulski, ein in Deutschland praktizierender Arzt und langjähriger Anwender von Essenzen, machte auf seiner Entbindungsstation, in der er die Delph-Essenz häufig einsetzte, die Erfahrung, dass sich schreiende neugeborene Babies sofort beruhigten, nachdem er wenige Tropfen auf ihren Bauch eingerieben hatte.

Auch bei Wassergeburten empfiehlt sich der Einsatz der Delph-Essenz, indem einige Tropfen der Essenz direkt ins Wasserbecken gegeben werden. Die entspannende, liebevolle Schwingung der Essenz sorgt für Harmonie und Leichtigkeit, was sich sehr positiv auf die Mutter und das Baby auswirkt.

Delph-Bad

Baden tut der Seele gut. Wer Baden nicht nur als einen blossen Akt von Körperhygiene betrachtet, sondern als ein lustvolles Erlebnis zu inszenieren vermag, kann ein warmes Wannenbad mit einfachsten Mitteln zu einem sinnenfrohen Ereignis gestalten. Die Delph-Essenz kann dabei sehr unterstützend wirken. Geben Sie ein paar Tropfen davon ins Badewasser und verbinden Sie sich in Gedanken mit Delphinen. Lassen Sie Ihren Atem fliessen und stellen Sie sich vor, wie warme Wellen von Harmonie Ihren ganzen Körper durchfluten. Nehmen Sie sich Zeit, die Verbundenheit zu erleben.

Nicht nur Delph eignet sich als Badezusatz. Bei Stress und leichten körperlichen Beschwerden empfiehlt sich ein Delph-Entspannungsbad, dem Notfalltropfen, die Blütenessenzen Baldrian oder Lotus oder die Edelsteinessenz Aquamarin hinzugefügt werden. Soll die Wirkung eines Bades eher belebend sein, eignet sich der Zusatz einer Rosenessenz wie beispielsweise Sarah von Fleet.

Als ideale Möglichkeit, mit Essenzen zu experimentieren, bietet sich der Samadhi-Tank an. Dieser enthält eine gesättigte Kochsalzlösung, die auf Körpertemperatur erwärmt ist, und in der man das Gefühl völliger Schwerelosigkeit und Abgeschiedenheit erleben kann.

Wassertanz mit der Delph-Essenz

Der Grundgedanke von Wassertherapien liegt darin, dass sich die meisten Störungen unseres Wohlbefindens aus Stress, Problemen und Krisen entwickeln und den natürlichen Energiefluss behindern. Das „Tanzen" im Wasser als Gegenpol dazu ist Ausdruck des Fliessenlassens und Loslassens von Hektik und Schwere.

Der Wassertanz (auch Wasser-Shiatsu genannt) basiert auf dem Austausch von Energien zwischen Partnern. Ein Partner trägt den anderen im Wasser, indem er den Arm unter dessen Nacken legt und darauf achtet, dass der Getragene immer mit dem Kopf über der Wasseroberfläche bleibt. Durch die tragende Qualität des Wassers wird dieser vom Gefühl des Körpergewichtes, der „Erdschwere" entlastet, wodurch die Wirbelsäule sanft entspannen kann. Die getragene Person schliesst die Augen und gibt sich dem schwebenden, wohligen Gefühl hin, so dass sie mehr und mehr loslassen kann. In sanften, behutsamen und fliessenden Bewegungen lässt die führende Person ihren Partner durchs Wasser gleiten. Dieser kann in einen tiefen Entspannungszustand eintauchen, der sich bis zur Auflösung des Empfindens von Raum und Zeit steigern kann. Nach dieser Erfahrung im Wasser ist es therapeutisch wert-

voll, über die erlebten Gefühle und möglicherweise aufgetauchten Bilder zu sprechen.

Alle Prozesse, die während dieser intensiven Begegnung ablaufen, können durch die Delph-Essenz unterstützt werden. Das Herz öffnet sich leichter und das bewusste Eintauchen in den tiefen Entspannungszustand wird beschleunigt. Ängste können schneller losgelassen und das Vertrauen zum Partner kann müheloser aufgebaut werden. Geben Sie dazu die geschlossene Flasche Delph-Essenz oder einige Tropfen davon ins Wasserbecken. Eine sanfte Hintergrundmusik sorgt für eine angenehme Atmosphäre.

Muskelentspannung mit Delph

Jede Massage kann durch die Delph-Essenz unterstützt werden. Die feine Schwingung der Essenz wirkt unmittelbar auf den Körper. Muskelverspannungen sind oftmals das Resultat von schlechter Körperhaltung, die analog zu emotionalen Spannungen und disharmonischen Gedanken steht. Delph kann helfen, diese Spannungen aufzulösen.

Geben Sie auf die Handfläche etwas Jojoba-, Johanniskraut- oder ein anderes gutes Massageöl, fügen Sie ein bis zwei Tropfen Delph-Essenz hinzu und verreiben Sie die Mischung mit beiden Händen. Massieren Sie nun sanft den Rücken, die Füsse, den Bauch oder die Beine des Partners. Sanfte Massage bedeutet hier, die Muskeln auszustreichen. Im Gegensatz zur medizinischen Massage wirkt sanftes Massieren stärker auf die energetische Ebene.

Delph-Anhänger

Der Delph-Anhänger ist eine tropfenförmige mundgeblasene Glaskugel, die mit Delph-Essenz gefüllt ist. Sie ist an einem Lederband befestigt und wird am besten direkt auf dem Herzchakra getragen. Da die Ausstrahlung mehrere Meter betragen kann, ist die Wirkung nicht auf den Menschen begrenzt, der den Anhänger

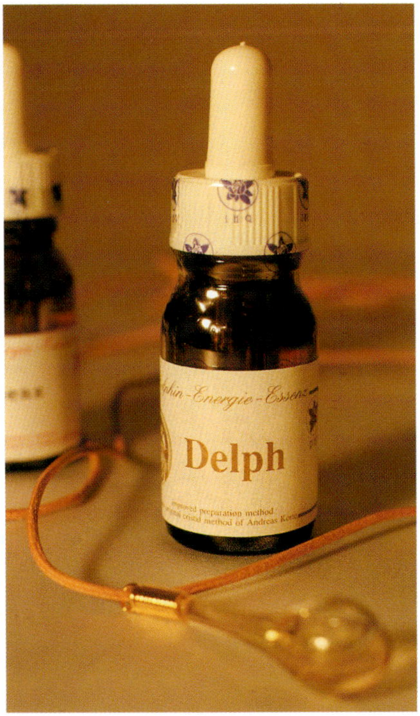

trägt. Der Anhänger hilft Ihnen, Ihre innere Mitte schneller zu finden und zentriert zu bleiben. Er beschleunigt und intensiviert die Wirkung von punktuellen Massagen einzelner Chakren oder Akupunkturpunkten. Wir empfehlen, den Anhänger nachts nicht zu tragen.

Delph-Spray

Aufgrund ihrer stark reinigenden Wirkung eignet sich die Delph-Essenz sehr gut zur Reinigung von energetisch belasteten Räumen. Verwenden Sie dazu den Delph-Spray und verteilen die Delph-Essenz durch mehrere Sprühstössen gleichmässig im Raum.

Reinigung von Strahlenbelastung

Wird die Delph-Essenz in Kombination mit der Strahlenreinigungsessenz T1 eingesetzt, kann eine wirkungsvolle Reinigung von Strahlenbelastungen erzielt werden. Im Gegensatz zu allen anderen bekannten Essenzen, welche die Eigenschaft haben, Energie abzustrahlen, entfaltet die Strahlenreinigungsessenz T1 eine ableitende, „absaugende" Wirkung. Dadurch ist sie in der Lage, überschüssige schädliche Strahlung zu entfernen und so das energetische Gleichgewicht wiederherzustellen. Sie eignet sich besonders für Menschen, die häufig am Computer arbeiten oder starkem Elektrosmog, Röntgenstrahlen und andern Strahlen ausgesetzt sind.

Diese Essenz wird nicht eingenommen und sollte wegen ihrer ausleitenden Wirkung isoliert von andern Essenzen aufbewahrt werden.

Für eine Reinigung benötigen Sie ein Fläschchen Delph-Essenz und die Strahlenreinigungsessenz T1. Die Reinigung kann sitzend

oder stehend durchgeführt werden. Ziehen Sie Ihre Schuhe aus und stellen Sie die Essenz T1 zwischen Ihren Füssen auf die Erde. Halten Sie die Delph-Essenz während drei bis fünf Minuten über Ihren Kopf und führen Sie sie dann langsam Ihrem Körper entlang nach unten bis zu den Füssen. Es kann sein, dass Sie nach einigen Minuten ein leichtes Kribbeln zwischen den Füssen spüren.

T1 sorgt dafür, dass die „negative" Strahlung über die Füsse aus dem Körper ausgeleitet wird, während die Delph-Essenz mit ihrer leichten Energie eine Art reinigende, nachspülende Wirkung hat. Hellsichtige Menschen können wahrnehmen, wie während solcher Behandlungen von der Delph-Flasche ausgehend ein Licht durch die Aura strahlt, Unregelmässigkeiten in dieser ausgleicht, und wie die belastende Energie aus Körper und Aura nach unten zur T1-Flasche hin abfliessen. Sie nehmen den Vorgang wie eine „Lichtdusche" wahr.

Menschen, die berufsbedingt Strahlungen ausgesetzt sind, sollten regelmässige Reinigungsduschen vornehmen. Sie kann mit jeder Essenz oder Therapie kombiniert werden.

Das Fläschchen mit der Strahlenreinigungsessenz T1 sollte nach jeder Anwendung gereinigt werden. Stecken Sie es dazu ein bis zwei Stunden in die Erde oder in Meersalz oder bitten Sie geistig um Reinigung.

Zur Abschirmung von Strahlen kann die T1-Flasche direkt neben den Computer gestellt werden. Wenn sich eine Wasserader unter Ihrem Bett befindet und es Ihnen nicht möglich ist, ihr durch Umstellung Ihres Schlafplatzes auszuweichen, können Sie die Flasche unters Bett stellen. Der Wirkungsradius beträgt etwa einen Meter.

Es empfiehlt sich, in entsprechenden Situationen zum Schutz vor negativen Strahlen vorbeugend einen Spray anzuwenden, indem Sie sich alle zwei Stunden mit zwei bis drei Sprühstössen berieseln lassen: Geben Sie dazu je 21 Tropfen der nachstehenden

Essenzen in eine 50ml-Sprayflasche: Delph, Radiation Protection Cactus, Angel of Protection Orchid, Schwarzer Turmalin, Rauchquarz. Füllen Sie die Flasche mit gutem Wasser und fügen Sie zur Konservierung ein Drittel Cognac bzw. Branntwein oder drei bis vier Teelöffel 94prozentigen Alkohol dazu. Sie können auch den fertig erhältlichen Delph-Spray verwenden und die übrigen Essenzen dazugeben. Die Wirkung der einzelnen Essenzen lässt sich wie folgt beschreiben:

- *Radiation Protection Cactus:* Bietet guten Schutz vor negativer Strahlung (Erdstrahlen, Elektrosmog usw.); Entwicklung und Stärkung unseres inneren Potentials, wodurch wir vor negativer Ausstrahlung besser geschützt sind.

- *Angel of Protection Orchid:* Bietet sensiblen Menschen Schutz und unterstützt den Kontakt mit den Schutzengeln.
- *Schwarzer Turmalin:* Hilft bei Überlastung durch Strahlen von Computern, elektrischen Geräten und Bildschirmen; baut negative Schwingungen auf der körperlichen und geistigen Ebene ab.
- *Rauchquarz:* Verstärkt die reinigende und schützende Wirkung.

Delphin-Meditation

Die Delph-Essenz eignet sich sehr gut zur Unterstützung von Meditationen verschiedenster Art, deren Fokus auf der Öffnung des Herzens, auf Zentrierung, Stärkung des Vertrauens usw. liegt. Besonders geeignet ist sie für die nachfolgende Meditation, deren Ziel es ist, innerlich mit dem Wesen und der Energie der Delphine Verbindung aufzunehmen.

Vorbereitung

- Schaffen Sie in Ihrem Raum eine angenehme und ungestörte Atmosphäre.
- Sie können sich von einer anderen Person durch die Meditation führen lassen oder den folgenden Text auf eine Tonbandcassette aufsprechen, während Sie Meditationsmusik mit Delphingesängen[7] abspielen lassen.
- Geben Sie nun ein bis zwei Tropfen Delph-Essenz unter die Zunge und nach Wunsch zusätzlich aufs Dritte Auge, die Stelle zwischen den Augenbrauen.
- Bringen Sie sich sitzend oder auf weicher Unterlage liegend in eine bequeme Position, in der Sie gut entspannen können, und schliessen Sie die Augen.

Text für geführte Meditation

„Nimm zwei tiefe Atemzüge und richte Deine Aufmerksamkeit nach innen. Nimm Deine Füsse wahr und erlaube ihnen zu entspannen. Lass alle überflüssige Spannung aus Deinen Füssen abfliessen, während Du ausatmest. Geh dann weiter zu Deinen Beinen und erlaube ihnen, in derselben Weise zu entspannen. Erlaube dies nach und nach Deinem ganzen Körper, indem Du mit Deiner Aufmerksamkeit allmählich nach oben wanderst, zum Becken, Bauch, zur Brust, zu den Händen, Armen und Schultern. Erlaube dem Atem, frei zu fliessen, und geh weiter zum Nacken und zum

7) Empfehlenswerte Meditationsmusik finden Sie auf Seite 147

Kopf. Erlaube Deinem Gesicht, Deinem Mund, Deiner Zunge, Deinen Augen, Deiner Stirn und Kopfhaut, loszulassen und sämtliche Spannungen zu lösen.

Ich begleite Dich jetzt bei einer Reise. Stell Dir vor, dass Du von weissem, schützendem Licht umgeben bist. Atme das Licht mit jedem Atemzug ein und lasse es sich bei jedem Ausatmen ausdehnen. Spüre, wie Dein Körper leicht und leichter wird und Du nach oben aufzusteigen beginnst, höher und höher, dem Himmel entgegen bis zu den Wolken. Du wirst von diesen Wolken aufgenommen und getragen und schwebst mit Leichtigkeit durch die Lüfte. Wenn Du nach einer Weile Deinen Blick nach unten richtest, kannst Du unter Dir einen wunderschönen weissen Sandstrand sehen. Lass Dich sanft und behutsam nach unten gleiten, bis Du auf dem weichen, warmen Sand landest. Du kannst die Sonnenstrahlen auf Deiner Haut spüren und hörst das Rauschen des Meeres. Geniesse die Wärme und den Klang der Wellen. Begib Dich nun langsam zum Wasser. Du erkennst, dass das Wasser hier nicht tief ist. Und wenn Du Dich jetzt ins Wasser hineinbewegst, weisst Du, dass Du in Sicherheit bist und auf wundersame Weise auch unter Wasser atmen kannst. Lass Dich ganz ins Meer hineingleiten und erlaube dem Wasser, Dich zu umfliessen und zu reinigen. Es reinigt und erfrischt nicht nur auf der körperlichen Ebene, es kann auch alte Emotionen wegspülen und helfen, Gedanken loszulassen.

Auf einmal gesellen sich Delphine in Deine Nähe und schwimmen auf Dich zu. Atme bewusst weiter und freue Dich an ihren anmutigen Bewegungen. Nimm über Dein Herz Kontakt mit den Delphinen auf. Dein ganz persönlicher Delphin ist auch dabei, er hat eine Botschaft für Dich. Öffne Dich für seine Form der Kommunikation und nimm seine Botschaft während der nächsten Minu-

ten, während denen ich nicht sprechen werde, entspannt wahr."

Während fünf bis zehn Minuten Einblendung von Delphingesängen.

„Beginne Dich nun allmählich von den Delphinen zu verabschieden, bedanke Dich für Eure Begegnung und schwimme wieder dem Ufer zu. Du verlässt nun das Wasser und legst Dich in den feinen weissen Sand. Während Du die Wärme der Sonne auf Deinem Körper spürst, siehst Du die Wolken über Dir und nimmst wahr, wie Du jetzt allmählich wieder mit Leichtigkeit nach oben schwebst, von den Wolken getragen zurückkehrst und wieder ganz in Deinem Körper hier am Boden ankommst. Mit jedem Einatmen bringst Du Dich mehr und mehr in deinen Körper, in diesen Raum. Beginne Deine Hände und Füsse sanft zu bewegen, öffne Deine Augen und sei wieder ganz im Hier und Jetzt."

Persönliche Erfahrungen einiger Seminarteilnehmer bei der Delphin-Meditation

„Es war ein unbeschreibliches Glücksgefühl! Ich fühlte mich wie ein Delphin, der mit den andern Delphinen im Wasser schwamm. Ich war eins mit ihnen. Meine Gefühle dabei lassen sich schwer in Worte fassen. Als ich am Ende der Meditation mit den Wolken zurückkam, überfiel mich plötzlich eine tiefe Traurigkeit, die aus der Tiefe in mir aufstieg und mich sehr überraschte. Die Begegnung mit den Delphinen war so schön, dass ich gar nicht in meinen Körper zurückkehren wollte."

„Im Wasser kam ein Delphin nach dem anderen auf mich zu, es waren sehr viele. Schon das allein war ein tolles Erlebnis, sie spielten neckisch und liebevoll mit mir. Ich nahm wahr, dass sie mir etwas erzählten und dass ich dies auch verstand. Die Kommunikation war sehr lustig, denn es gab kleine „Plapperstimmchen", die drauflos zwitscherten und von den „grossen" Stimmen zurechtgewiesen wurden. Ernste Stimmen machten mich darauf aufmerksam, dass auf unserer Erde vieles nicht in Ordnung sei. Eine wichtige Information war, dass auch die Delphine, unsere Helfer, sich durch die Zerstörung der Erde bedroht fühlen. Dabei sei uns das ganze Ausmass der Zerstörung noch nicht bewusst. Die Wale, die mir später begegneten, hatten eine sehr ernste, eindringliche Stimme. Sie zeigten mir Fangnetze und machten mich darauf aufmerksam, dass sich auf ihrer Hautoberfläche seltsame Veränderungen zeigen."

„Ich fühlte eine Verbundenheit mit dem Universum, und es war mir, als würden mein zweites und drittes Chakra kräftig „durchgewaschen".

„Das Gefühl, ein Delphin zu sein: verspielt, fröhlich, glücklich! Alles ist leicht und weit, du bist wie das Wasser, das dich sanft trägt, völlig in diesem Blau aufgelöst. Dieses Erlebnis war für mich besonders schön, da ich wasserscheu bin und normalerweise mit dem Kopf nicht unter das Wasser tauche."

Aktivierung von Wasser - lebendige Information

Mit der Delph-Essenz ist es möglich, energetisch toten oder geschädigten Gewässern aktivierende Impulse zuzuführen. Wie in Kapitel II aufgeführt wurde, ist Wasser ein bipolarer Stoff, der sowohl positive als auch negative Informationen aufnehmen kann. Der Sinn der Delph-Wasseraktivierung besteht darin, durch eine „lebendige" Information klärend auf die energetische Belastung des Wassers einzuwirken.

Die Zusammensetzung des Wassers wird dabei nicht verändert. Flüsse, Ströme, Seen, Kanäle, Teiche und Meerwasser, das heisst: Alles Wasser, das durch sauren Regen, Umweltverschmutzung und atomare Verseuchungen belastet ist, kann durch die Schwingung von Delph seiner ursprünglichen Energie wieder näher kommen. Eine mögliche Erklärung für die positive Veränderung des Wassers nach einer Delph-Aktivierung ist die Vorstellung, dass durch unser liebevolles Einstimmen auf das Wasser und durch die Verwendung der Delph-Schwingung die Lichtwesen – auch Wasserdevas genannt – ihre Mithilfe wieder vermehrt aufnehmen und so wesentlich zu einer positiven Veränderung beitragen können.

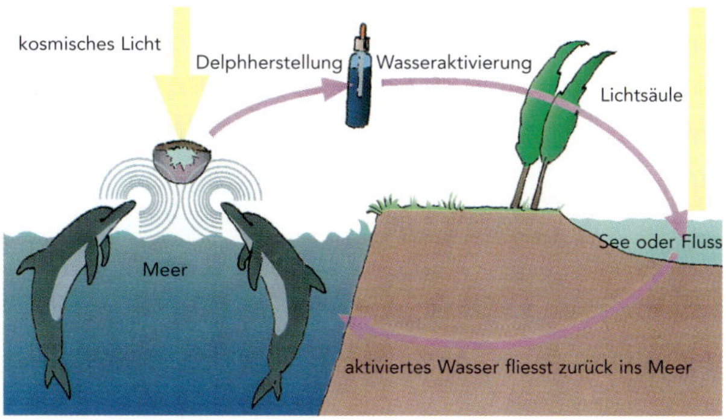

Prinzip der Wasseraktivierung zur Reinigung der Erde

Nachdem die Delph-Essenz hergestellt war, wurde auf unsere Initiative hin ein Projekt „Wasser- und Umweltaktivierung" aufgebaut. Innerhalb von zwei Jahren bildeten sich Gruppen, die zum Teil auch aussereuropäisch daran arbeiteten, verschmutzte Gewässer zu

reinigen. Die gereinigten und aktivierten Gebiete wurden auf Karten markiert.

Bei der Aktivierung eines Flusses sollte die erste Aktivierung möglichst im noch sauberen und wenig belasteten Oberlauf stattfinden. Hier streift das Wasser über die Aktivierungsflasche, nimmt die Information der Delphine auf und fliesst viel später als Fluss ins Meer zurück. Je nach Verschmutzungsgrad des Flusses müssen allerdings im Abstand von etwa 100 km weitere Aktivierungen erfolgen. Das Wasser vieler Flüsse, wie zum Beispiel des Rheins, wird intensiv genutzt und in seinem Gesamtvolumen mehrmals verwendet. Deshalb empfiehlt es sich, in besonders stark besiedelten Gebieten zahlreiche Aktivierungen durchzuführen.

Vorbereitung und benötigtes Material

- Eine leere saubere Glasflasche, die gut verschlossen werden kann. Die Färbung des Glases spielt keine Rolle.
- Alkohol (guter Cognac oder Schnaps) und Quellwasser (z.B. Volvic) im Verhältnis 1:10
- Einige Tropfen Delph-Essenz und die Alkohol-Quellwasser-Mischung in einer Verdünnung ansetzen.

Anzahl der Tropfen Delph-Essenz für die Verdünnung:

Flaschengrösse	Delph-Tropfen
30 ml	2
50 ml	3
100 ml	7
250 ml	12
500 ml	21
1000 ml	33

Durchführung

Die Aktivierung erfolgt in drei Schritten:

1. Suchen Sie einen strategisch günstigen Ort, zum Beispiel eine Brücke oder einen Baum. Nehmen Sie über das Herz Kontakt mit dem Wasser auf.

2. Visualisieren Sie eine Lichtsäule. Wenn Sie das Gefühl haben, dass das Licht das Wasser berührt, lassen Sie Licht durch die Lichtsäule ins Wasser fliessen.

3. Lassen Sie nun die Delph-Flasche ins Wasser gleiten und bedanken Sie sich für die Aktivierung.

Bitte verwenden Sie für die Aktivierung möglichst kleine Fläschchen und legen Sie diese bei kleineren Gewässern an eine gut geschützte Stelle, damit sich niemand verletzen kann. Um eine Aktivierung der Erde vorzunehmen, wird die Flasche in den Boden eingegraben. Die Visualisierung erfolgt wie bei der Wasseraktivierung.

Tip: Die Wasseraktivierung ist auch für Gartenteiche und Brunnen zu empfehlen.

Beobachtungen nach Wasseraktivierungen

- Oft kam es vor, dass Tiere vermehrt am Aktivierungsort erschienen, vor allem Vögel. Fische sprangen plötzlich aus dem Wasser, die Sonne brach aus den Wolken hervor, Regenbogen zeigten sich am Himmel.
- Bei der ersten Wasseraktivierung vor der kanarischen Insel fanden sich zwei Pilotwale ein. Als die Flasche von Bord geworfen wurde, begleiteten die Wale die Flasche spiralenartig nach unten.

- Bei einer Aktivierung in Kanada sprang ein grosser Wal nach der Aktivierung direkt neben dem Boot fünfmal aus dem Wasser.
- Ein polnischer Arzt beschrieb die Aktivierung eines verseuchten Brunnens in Polen, dessen Wasser völlig ungeniessbar war. Zwei Stunden nach der Aktivierung war das Wasser plötzlich wieder trinkbar, die Menschen dort waren sprachlos.

KAPITEL V

Wale und ihre Essenz

Wer sich für Delphine interessiert, kommt an ihren älteren Verwandten, den Walen, nicht vorbei. Tatsächlich ist in der grossen Familie der Cetaceen die Zuordnung, ob es sich bei einem Mitglied um einen Delphin oder einen Wal handelt, in einigen Fällen nicht eindeutig. Die wesentlichsten Kriterien dafür sind die Grösse und das typische Aussehen (siehe auch Sonderteil).

Wale sind die grössten lebenden Säugetiere und bis auf wenige Ausnahmen die friedlichsten. Manche von ihnen besitzen keine Zähne mehr und ernähren sich ausschliesslich von Plankton. Majestätisch schwimmen sie in den Weltmeeren, und wenn sie Menschen begegnen, ist die Faszination dieser Begegnung tief und eindringlich.

Andreas Korte erzählt

Ich traf während der vielen verschiedenen Forschungsfahrten mehrmals auf Pilotwale, die vor der Küste Teneriffas beheimatet sind. Meine erste Begegnung mit Walen beeindruckte mich sehr. Wir führten damals eine Wasseraktivierung durch. Der Motor des Bootes war abgestellt, nur unsere Musikkassette mit Delphingesängen war zu hören. Plötzlich, wie aus dem Nichts, erschien eine Gruppe von Pilotwalen. Sie formierten sich kreisförmig um unser Boot. Das hatte selbst der erfahrene Kapitän unseres Bootes noch nie gesehen. Es schien, als schwebten sie im Wasser – uns zuhörend und uns beobachtend.

Begegnung mit Walen

Karin Huber erzählt

Erster Tag

Ein Ausflug auf dem Meer zwischen Teneriffa und Gomera. Alle TeilnehmerInnen unserer Gruppe sind sehr gespannt, was uns erwartet. Bald schon begegnen uns Pilotwale. Ihre schwarzen Körper tauchen sanft und doch majestätisch aus dem tiefblauen Wasser auf. Es sind etwa drei bis vier Meter grosse Tiere, und schon bald befinden wir uns inmitten eines beachtlichen Gruppenverbandes. Wir sind fasziniert! Oft sieht man zwei von ihnen gemeinsam schwimmen, synchron tauchen ihre Körper auf und ab, ihre schimmernde Haut gleitet sanft durch das Wasser. Bei jedem Auftauchen lassen sie Wasser aus ihrem Blas entweichen, um dann Luft zu holen. Dieses Geräusch hört sich so „menschlich" an und versetzt uns in entspannte Heiterkeit.

Die Ausstrahlung der Wale hat etwas Beruhigendes, sie vermitteln ein Gefühl der Sicherheit und Gelassenheit. Einige von uns lassen es sich nicht nehmen, ins Wasser zu springen, zum Teil ohne Taucherflossen. Etwas blass im Gesicht kommt ein Schwimmer bald wieder aus dem Wasser. Das bestätigt, was die meisten von uns fühlen: Das tiefe blaue Meer fordert Respekt und Umsicht. Plötzlich sind die Wale verschwunden. Dadurch verspüren die verbleibenden Schwimmer keine Lust mehr, im Wasser zu bleiben und begeben sich aufs Boot. Nach einer Weile haben sie sich abgetrocknet und die Gemüter sich beruhigt. Es wird wieder ruhiger – und schon sind die Wale wieder da.

Wir alle haben den Eindruck, dass Umsicht und Fürsorge die Ursache für das Verschwinden der Wale war. Uns scheint es, als hätten sie auf die potentielle Gefahr des überschäumenden Leichtsinns reagiert – wie weise handelnde Eltern, die schützend ins übermütige Spiel ihrer Kinder eingreifen, wenn deren Sicherheit bedroht ist.

Ich fühle mich, als hätte ich einen gütigen, umsichtigen und weisen Menschen getroffen. Über meinem rechten Auge spüre ich einen seltsamen Druck, ein eigenartiges Empfinden, als wären Kopfschmerzen im Anflug. Später, als alle Teilnehmer über ihre Gefühle während des Ausflugs berichten, bestätigen einige der Teilnehmer, dass auch sie ungewöhnliche Körperempfindungen hatten oder eine Körperhälfte deutlicher wahrnahmen als die andere. Wir sind alle glücklich über die Begegnung, aber wir sind uns auch darüber einig, dass wir die nächste Begegnung anders gestalten wollen. Wir schämen uns im nachhinein etwas, dass wir uns wie alle anderen Touristen haben mitreissen lassen.[8)]

Nachdenklichkeit macht sich bei einer abendlichen Gesprächsrunde breit. Manch einer empfindet die Situation draussen auf dem Meer in Analogie zur Situation auf der Erde. Sind wir nicht wie kleine übermütige Kinder mit unserem Planeten umgegangen? Wir verschwenden die Ressourcen ohne Rücksicht auf Verluste und ignorieren Warnungen und Hinweise, die uns auf die Bedrohung der Erde aufmerksam machen.

Zweiter Tag

Es stört uns auch heute wieder, dass es keine Begrenzung der Anzahl gibt, wieviele Boote an einem Tag zu den Delphinen und Walen hinausfahren dürfen. Wir spüren, dass es für die Tiere eine Störung bedeutet, wenn sich zuviele Besucher gleichzeitig

8) Mittlerweile ist auf den Kanarischen Inseln das Schwimmen mit Delphinen verboten worden, und auch die Anzahl der Boote, die sich in ihrer Nähe aufhalten darf, wurde beschränkt.

Pilotwal

draussen auf dem Meer befinden. Bewusst versuchen wir, eine Begegnung mit den Walen und Delphinen meditativ zu gestalten.

Schon früh begegnet uns eine Walmutter mit ihrem Kleinen, die wir gestern schon getroffen haben. Unser Beschützerinstinkt ist sofort geweckt, als wir sehen, dass das Kleine von einem netzartigen hellen Sack bedeckt ist. Offenbar hat es sich darin verheddert. Wir meinen auch, eine belastete Stimmung zu spüren, weil dem Kleinen Gefahr droht, und möchten dem Waljungen helfen. Zwei von uns springen ins Wasser, um sich den beiden zu nähern. Nach einiger Zeit kehren sie unverrichteter Dinge zurück, sie kommen einfach nicht an das Kleine heran. Haben wir vielleicht gar nicht das Recht, hier eingreifen zu dürfen?

Später treffen wir wieder Pilotwale, und sogar einige Delphine sind da. Fantastisch, wie einer von ihnen senkrecht aus dem Wasser springt und wieder zurück in die Wellen platscht. Wir spüren deutlich, dass von den Delphinen eine andere Schwingung ausgeht. Sie wirkt ansteckend und bringt uns in eine heiter-aufgeregte Stimmung.

Wir wünschen uns eine Begegnung mit ihnen aus einer meditativen inneren Ruhe heraus. Die Musik, die wir auf dem Boot laufen lassen, dient dieser Absicht. Als eine Teilnehmerin, eine Sängerin, mit hoher Stimme ein Lied zu singen beginnt, in das der Rest der Gruppe nach und nach einstimmt, verbreitet

sich eine feierliche Stimmung. Den Walen scheint das ausgesprochen gut zu gefallen: Nur der wunderbare Gesang zusammen mit dem Rauschen des Meeres ist zu hören, ab und zu unterstützt von den lustigen Blaslauten der Pilotwale. Diese Begegnung voller Ruhe und tiefer Vertrautheit ist stimmig.

Pilotwal

Gestrandete Wale

Noch vor zehn Jahren war das Stranden eines Wales für Küstenbewohner ein ganz normales Ereignis. Der tote Tierkadaver wurde auf die Müllverwertungsanlage geschleppt oder vor Ort bestattet. Die Häufigkeit von gestrandeten Walen scheint in den letzten Jahrzehnten angestiegen zu sein, wobei man natürlich berücksichtigen muss, dass seit den siebziger Jahren das Bewusstsein dafür gewachsen ist. So wurde seit den achtziger Jahren von vier Massensterben berichtet, während man in den hundert Jahren zuvor nur gerade vier solche Fälle verzeichnet hatte.

Heute mobilisiert das Stranden von Walen ganze Helferscharen, die freiwillig und unter immensem körperlichem Einsatz oft Tage und Nächte damit verbringen, die Tiere vor Überhitzung, Ersticken und Lungenentzündung zu retten. Der grösste Feind der Tiere ist ihr Eigengewicht, welches normalerweise vom Wasser getragen wird und das sie an Land zu erdrücken droht. Es finden sich meist viele Helfer ein, die die Tiere bis zum Eintreffen der nächsten Flut unermüdlich mit Wasser benetzen. Sobald die Flut da ist, müssen die Wale vom seichten Wasser hinaus ins offene Meer geführt werden. Nach dem Erlebnis des Strandens sind sie oft so verstört, dass sie den Weg zurück allein nicht finden würden. Nur die kräftigsten und stärksten Tiere überleben diese Tortur.

Ist die Rettungsaktion geglückt, erhalten die Helfer nicht selten kurz darauf die Hiobsbotschaft, dass dieselben Wale ein paar Kilometer entfernt abermals gestrandet sind. Das Ganze kann sich auch ein drittes Mal wiederholen.

Es gibt verschiedene Theorien zu diesem Phänomen. Die Tiere, die sich am magnetischen Netz der Erde orientieren, sind sehr wahrscheinlich durch die zunehmende Funkdichte und die Satelliten desorientiert. Dazu kommt die zunehmende akustische Verseuchung der Meere, die Belastung durch verschmutzte Gewässer

und durch radioaktiven Müll. Auch die beginnende Veränderung der Polarität der Erde wird als mögliche Ursache aufgeführt.

Manchem Beobachter mutet die Strandung der Wale wie Selbstmord dieser hochentwickelten, intelligenten Tiere an. Ein Meeresbiologe drückt es mit wenigen Worten aus: „Die wissen, was sie tun." Wir könnten die Strandungen auch so verstehen, dass die Wale uns Zeichen geben möchten, damit wir aufwachen und wieder zu Hütern dieses wunderschönen Planeten werden. Was die wirkliche Ursache für die Strandung der Wale ist, ist jedoch noch immer ein Rätsel geblieben.

Der Gesang der Wale

Klang breitet sich im Wasser viermal schneller aus als in der Luft. Manche Walarten können ihren Artgenossen über Hunderte von Kilometern Signale in sehr hohen Frequenzen schicken. Die hochkomplexe Abfolge von Lauten und die differenzierten Tonhöhen werden vielfach als Gesang bezeichnet. Computeranalysen haben eine Informationsdichte von zwischen einer und zehn Millionen Bits pro halbstündigem Walgesang ergeben. Besonders die Buckelwale gelten als ausgezeichnete Sänger. Bestimmte Abfolgen von niedrigen Basstönen und höherfrequenten Tönen bilden Motive, die manchmal über mehr als eine halbe Stunde wiederholt werden. Jede Schule hat ihre eigene Melodie, ein Phänomen, das man auch bei Orcas, der grössten Delphinart, festgestellt hat. Zudem sind die einzelnen Lieder innerhalb eines Jahr jeweils annähernd gleich und wechseln von Jahr zu Jahr. Wissenschaftler werten dies als Zeichen

einer erlernten Kultur, als Tradition, die sich von Generation zu Generation entwickelte.

Gesänge von Walen muten oft „schaurig" schön an, die niedrigen Basstöne sind für menschliche Taucher, die ihnen nahe kommen, oft schmerzhaft. Wer den Gesang der Buckelwale schon einmal gehört hat, wird dieses tief ergreifende Gefühl nicht mehr vergessen, das ihr Gesang auslösen kann. Diese riesigen Wesen treiben in den Fluten der Meere – und singen! Manche Menschen nehmen sie als Wesen wahr, die mit der Erde und dem Kosmos in Verbindung stehen und durch ihre Gesänge kosmischer Energie Ausdruck verleihen.

Tatsächlich haben nur wenige Menschen die Chance, einem Wal in der Natur zu begegnen. Dank Aufnahmen auf CDs ist es trotzdem möglich, sich auf Walgesänge einzustimmen. Die ihnen innewohnende Magie kann uns aus unserem Alltag heben und uns eine Idee von Zeitlosigkeit vermitteln.[9]

Pilotwal

9) Beispiele von CDs mit Walgesängen siehe Anhang

Hüter der Erde

Wir sind auf diesem Planeten, um uns weiterzuentwickeln und in unserer geistigen Evolution voranzuschreiten. Krisen, persönliche ebenso wie kollektive, zeigen uns, dass die Zeit für eine Veränderung und Erneuerung reif ist. Ich bin der tiefen Überzeugung, dass Wale die Aufgabe haben, uns in dieser Entwicklung zu unterstützen, besonders indem sie uns an unsere Rolle als Hüter der Erde erinnern.

Es ist eine Tatsache, dass es uns gelungen ist, in unserem bewusstlosen Rausch nach Bequemlichkeit, Profit und Macht die Natur, ja die ganze Erde sehr empfindlich aus dem Gleichgewicht zu bringen. Die Wale erinnern uns daran, dass es in unserer Verantwortung liegt, die Konsequenz aus diesem Handeln zu ziehen und zu einem neuen Bewusstsein zu finden, das getragen ist von Respekt der Mutter Erde und Demut der ganzen Schöpfung gegenüber.

Die Verantwortung, unsere Hüterrolle wieder zu übernehmen, ist einerseits ein innerer Prozess, den wir als Menschheit durchlaufen, andererseits bedeutet es aber auch für jeden einzelnen, sich zu fragen, mit welchen Beiträgen er in seinem Alltag den Respekt und die Verantwortung der Erde gegenüber ganz konkret zum Ausdruck bringen kann. Einige von vielen Möglichkeiten finden Sie im Sonderteil unter dem Kapitel „Was können wir für Delphine und Wale tun?"

Der Wal-Essenz und ihrer spirituellen Energie kommt in Bezug auf diesen Hintergrund eine besondere Bedeutung zu. Sie kann uns helfen, uns wieder in Verbindung zu bringen mit diesem Bewusstsein und uns dabei unterstützen, das Potential zu erkennen, das in unserem physischen Körper verborgen ist. Ausserdem kann sie uns dabei helfen, unsere zwölf Lichtchakren zu aktivieren, um uns bewusst mit der Erde und dem Kosmos verbunden zu fühlen.

Die Herstellung der Wal-Essenz

Schon oft hatte ich vor Teneriffa beeindruckende Begegnungen mit Pilotwalen erlebt, und ich wusste schon seit einiger Zeit, dass nach der Herstellung der Delph-Essenz als nächste Stufe eine Wal-Essenz folgen würde. Einige Male hatte ich die Absicht, die Essenz herzustellen, doch immer wieder vereitelten ungünstige Umstände den richtigen Augenblick.

Eines Tages erhielt ich über eine Vision das Datum des 24. Dezembers 1996, eines Vollmond-Tages. An diesem Tag liess ich mich in einem Schlauchboot auf dem Meer auf eine grosse Gruppe von Walen zutreiben. Ich konnte ihr Energiefeld spüren,

das ich als noch grösser empfand als das der Delphine. In der Mitte der etwa 20 bis 25 Wale umfassenden Gruppe stellte ich die Wal-Essenz her.

Während mein Herz-Chakra bei der Herstellung der Delph-Essenz eher lieblich, heiter und sanft geöffnet worden war, erfuhr es in diesem Moment eine ganz plötzliche Öffnung. Ich kam intensiv in Kontakt mit etwas Transpersonalem, das ein Loslassen von persönlichem Verhaftetsein bewirkte und fühlte mich verbunden mit allem was ist, dem Meer und dem Universum. In diesem Moment spürte ich, welche Bedeutung die Wale für die Erde, für den Menschen haben. Sie sind die grössten Geschöpfe, die jemals auf dem Planeten lebten und stehen in tiefem Kontakt mit kosmischen Energien, besonders mit der Energie des Sirius. Die Wale übertragen diese Schwingungsfrequenz mit ihren Gesängen ins Wasser. Die Information verteilt sich über den Wasserkreislauf auf der ganzen Erde und kommt so auch uns Menschen zugute. Ich erkannte die Wichtigkeit ihrer Existenz für das Leben auf unserem Planeten und dass sie uns das Bewusstsein für die Einheit des Universums schenken.

Blauwal

Die Wirkungen der Wal-Essenz

❤ *Bewusstsein überpersönlicher Verantwortung*

Die Wale und damit die Energie, die sie uns durch die Wal-Essenz weitergeben, erinnern uns daran, dass wir Teil eines grösseren Ganzen sind. Wir bevölkern zusammen mit allen Tieren und Pflanzen unseren Planeten und tragen Verantwortung für unser Tun. Als Menschen haben wir die Aufgabe, eine Hüter-Rolle der Erde gegenüber zu übernehmen. Es ist jetzt Zeit, unseren Blick über unsere persönlichen Sorgen und Belange hinaus zu erheben und das ganze Sein miteinzubeziehen. Die Wal-Essenz verbindet uns mit diesem Bewusstsein.

❤ *Väterliche Fürsorglichkeit*

Walen wurden schon seit jeher Qualitäten wie Alter, Weisheit und Güte zugeschrieben. Die Wal-Essenz öffnet uns für diese Qualitäten in uns selbst. Wenn wir die Erde als die uns nährende Mutter anerkennen, ist besonders in der heutigen Zeit die väterliche Weisheit und Klugheit vonnöten, welche die Erde und ihre Ressourcen mit Respekt und Umsicht behandelt.

❤ *Förderung des Mitgefühls*

Fast nicht zu trennen von dem Gefühl der Verantwortung für das Ganze ist die Bereitschaft, mit allen Geschöpfen mitfühlend zu sein. Indem die Wal-Essenz uns an unsere Verbundenheit mit allem Leben erinnert, verstärkt sie zugleich unser Mitgefühl.

❤ *Öffnung des Herzens*

Wie die Delph-Essenz bewirkt auch die Wal-Essenz eine Öffnung des Herzens. Im Unterschied zur sanften und heiteren Energie der Delph-Essenz kann die Öffnung durch die Wal-Essenz auch plötzlich bzw. durch einen tiefgreifenden Prozess geschehen.

❤ *Öffnung für ein höheres Bewusstsein*

Die Wal-Essenz ist in der Lage, unsere Verbindung mit höheren Dimensionen zu stärken und uns für andere Ebenen der Wahrnehmung und des Bewusstseins zu öffnen. Aus diesem Grunde wird eine gute Erdung bei ihrer Anwendung empfohlen.

Hinweise zur Anwendung der Wal-Essenz

Da die Wal-Essenz eine kraftvolle Energie übertragen und intensive Prozesse in Gang setzen kann, ist es sinnvoll und empfehlenswert, folgende Punkte zu beachten:

❤ *Austesten*

Testen Sie auf jeden Fall aus, ob die Wal-Essenz für Sie eine Unterstützung darstellt und ob es sich um den richtigen Zeitpunkt handelt. Ihr Körper hat dieses Wissen in sich, Sie brauchen es nur abzurufen und ihm zu vertrauen.

❤ *Erden*

Da die Wal-Essenz uns für eine grössere Dimension öffnet, ist es notwendig, während ihrer Anwendung für eine gute Erdung zu sorgen. Diese kann in Gartenarbeit, Wandern, Massage, körperlicher Betätigung jeglicher Art oder in allem bestehen, was uns mit unserem Körper verbindet und uns „bodenständiger" werden lässt. Empfehlenswert sind auch erdende Essenzen.[10]

❤ *Ängste lösen*

Da die Wal-Essenz uns einlädt, über unsere persönlichen Grenzen hinauszuwachsen, kann es sein, dass wir dabei mit unserem Festhalten an äusseren Sicherheiten und unseren Ängsten konfrontiert werden. Es ist daher hilfreich, als Vorbereitung oder begleitend angstlösende bzw. vertrauensfördende Blütenessenzen oder Edelsteinelixiere anzuwenden.

10 Beispiele von erdenden und angstlösenden Essenzen siehe Sonderteil S. 135.

Gegenüberstellung der Delph-Essenz und Wal-Essenz

Wirkungen/Themenbereiche Delph-Essenz	Wirkungen/Themenbereiche Wal-Essenz
persönlich	überpersönlich
kindlich-heiter	väterlich-ernsthaft
Spiel und Freude	Verantwortung und Weisheit
wirkt auf emotionaler Ebene	wirkt auf geistig-spiritueller Ebene
sanfte Herzöffnung	intensive Herzöffnung
Geborgenheit und Urvertrauen	Fürsorglichkeit und Güte
universelle Liebe	universelles Bewusstsein
liebevoll sein und Verbundenheit spüren	aus Liebe und Mitgefühl handeln
persönliche Transformation	kollektive Transformation
Bewusstwerdung persönlicher Ängste	Bewusstw. planetarer Verletzungen
körperliche und seelische Einheit	Einheit mit dem Universum

Wir haben erst damit begonnen, die Heilwirkung von Delphinen und Walen zu erahnen. Aufgrund des äusserst komplexen Gehirns der Cetaceen vermute ich, dass wir nur die „Spitze des Eisbergs" sehen und uns erst im Laufe der zukünftigen Forschungen ein umfassenderes Bild von der wahren Dimension des Bewusstseins dieser erstaunlichen Mitbewohner unseres Planeten machen können. Bleibt zu hoffen, dass der Mensch vernünftig genug sein wird, dafür zu sorgen, dass auch unsere Kindeskinder sich an diesen grossartigen Wesen werden erfreuen können.

Andreas Korte

Wal-Meditation

Die Absicht dieser Meditation ist es, mit der Energie der Wale in Verbindung zu kommen. Der erste Teil ist eine vorbereitende, reinigende und harmonisierende Reise durch die Chakren des Körpers. Verwenden Sie nach Wunsch eine Hintergrundmusik, ev. mit Walgesängen.[11] Sie können zur Unterstützung den blauen Wal-Essenz-Anhänger tragen oder vor der Meditation ein bis zwei Tropfen Wal-Essenz einnehmen. Treffen Sie die weiteren Vorbereitungen wie bei der Delphin-Meditation.

Text für geführte Meditation

„Nimm die Bewegung des Atems in Deinem Körper wahr. Mit jedem Ausatmen lösen sich überflüssige Spannungen in Deinem Körper. Erlaube Dir, allmählich mehr und mehr loszulassen und still zu werden. Zuerst unternimmst Du nun eine Reise durch die Chakren, die Energiezentren Deines Körpers. Vertraue allem, was Du dabei erlebst, ohne es zu bewerten oder zu analysieren.

- Beginne damit, dass Du Deine Aufmerksamkeit auf Dein Steissbein richtest. Stelle Dir vor, wie von Deinem untersten Chakra aus rote Wurzeln durch Deine Beine und Füsse hindurch tief in die Erde hineinwachsen. Spüre die Verbindung mit der Erde

11) Musik mit Walgesängen siehe Seite 147

und wie die Liebe und die Energie der Erde zu Dir zurückfliessen. Nimm das intensive Rot dieses Chakras wahr. Ein Rubin oder eine tiefrote Hibiscusblüte entfalten ihre Kräfte.

- Bringe jetzt Deine Aufmerksamkeit zum Bereich unterhalb Deines Nabels, wo sich das zweite Chakra mit seinem intensiven orangefarbenen Licht befindet. Mit jedem Atemzug verstärkt sich das orangefarbene Licht. Du kannst Dir hier, wie auch bei allen folgenden Chakren, die Vorstellung einer Blüte oder eines Edelsteines zu Hilfe nehmen. Stelle Dir für dieses Chakra eine *Feuerlilie* oder einen orangeroten Karneol vor.

- Gehe weiter zu Deinem dritten Chakra, zum Solarplexus, etwa eine Handbreit über dem Nabel, und spüre mit dem Strom Deines Atems das gelbe Licht dieses Chakras immer deutlicher. Stelle Dir dabei die Sonne oder eine *Sonnenblume* vor.

- Wandere langsam mit Deiner Aufmerksamkeit zu Deinem Herzen. Fühle die heilende Liebe, die im Herzraum verankert ist und das grüne oder rosafarbene Licht dieses Energiezentrums. Stelle Dir eine Rose oder einen Rosenquarz dazu vor.

- Lenke Dein Bewusstsein in den Halsbereich zu Deinem Kehlkopf, dem fünften Chakra. Es erstrahlt in blauem Licht. Stelle Dir im Zentrum des Blaus eine *Bleiwurzblüte* oder einen hellblauen Calcedon vor. Nimm die friedlichen Kräfte, die von ihnen ausgehen, in Dir auf. Dein Kommunikationszentrum wird gereinigt, geklärt und geschützt.

* Gehe nun weiter zu dem Bereich zwischen Deinen Brauen, dem Dritten Auge, und nimm die **indigoblaue Farbe** dieses Chakras wahr. Die dazugehörige Blüte ist eine Iris, und als Stein kannst Du Dir den wunderschönen violetten Sugilit vorstellen.

* Schliesslich kommst Du mit Deinem Kronenchakra am Scheitelpunkt Deines Kopfes in Kontakt und stellst Dir vor, wie violette Farbe diesen Bereich durchströmt. Du kannst Dir das Kronenchakra als sich öffnende Lotosblüte vorstellen oder einen *Amethyst* visualisieren.

* Stelle Dir vor, wie sich nun zuerst die rechte Hälfte Deines Gehirns mit weissem Licht füllt, und Du kannst dabei einen strahlenden Kristall oder Diamanten und eine *Angel Orchid (Engelorchidee)* wahrnehmen. Spüre, wie sich dann auch die linke Gesichtshälfte mit Licht füllt und stelle Dir dabei ebenfalls einen leuchtenden Kristall oder Diamanten in Kombination mit der *Angel of Protection Orchid (Schutzengelorchidee)* vor. Geniesse für einen Moment das Gefühl absoluter Klarheit und perfekten Schutzes.

◀*Angel Orchid*

Angel of Protection▶

❊ Lenke Deine Aufmerksamkeit langsam etwas über Deinen Kopf, wo sich das Zentrum der übergeordneten Inspiration befindet. Stelle Dir dieses Chakra als *Inspiration Orchid* vor und freue Dich an ihrer Schönheit.

❊ Du atmest Dich weiter nach oben zum elften Chakra, das Du als silberfarbenen Stern oder als *Coordination Orchid* wahrnehmen kannst. Damit verbunden kann sich das Gefühl der Harmonie und des Getragenwerdens entfalten.

❊ Als letzte Station Deiner Chakrareise stellst Du Dir das zwölfte Chakra in einiger Distanz über Deinem Scheitel vor und lässt es in goldenem Licht erstrahlen, während sich vor Deinem inneren Auge die Blüte einer *Channeling Orchid* zeigt.

Spüre wieder Deinen ganzen Körper, Dein ganzes Wesen, und wenn Du bereit bist, Dich auf den zweiten Teil dieser inneren Reise zu begeben, dann stelle Dir einen herrlichen Meeresstrand vor, auf dem Du stehst. Das Wasser ist ruhig und wenig tief, und Du begibst Dich ins Wasser hinein. Du fühlst Dich sicher und unbeschwert. Während Du Dich allmählich ganz ins Meer hineinbewegst, spült das Wasser alle Unsicherheit fort und alles, was Dir

nicht nützlich ist. Falls Ängste da sind, kann Du sie dem Wasser übergeben und voller Vertrauen loslassen.

Wenn Du auf das Meer hinausblickst, siehst Du einen Delphin auf Dich zuschwimmen. Du lässt Dich von ihm zu einem Wal führen. Du betrachtest den Wal und siehst, dass seine Energiekanäle nach oben offen sind und kosmische Energie auf die Erde bringen. Nimm über Dein Herz Verbindung mit dem Wal auf, nimm das kosmische Licht wahr und fühle Dich auch mit der Erde verbunden. Und nun kannst Du sehen, wie die Wale in allen Meeren auf dem ganzen Planeten untereinander kommunizieren.

Als nächstes Bild nimmst Du die Verbindung aller Menschen untereinander wahr und siehst die ganze Erde mit all ihren Wesen in Licht und Liebe eingehüllt.

Deine Reise geht nun zu Ende. Bringe Dich allmählich wieder zurück ins Hier und Jetzt, indem Du Dich sitzend oder liegend in Deinem Körper wahrnimmst, Deinen Atem spürst und dann Deine Augen wieder öffnest. Jetzt bist Du voller Tatkraft und ganz präsent für das, was Dir der Tag als nächstes bringt.

Sonderteil

Delphine und Wale von A-Z

Atmung

Delphine und Wale sind Säugetiere und Warmblüter. Sie atmen durch die Lungen, jedoch nicht automatisch oder unbewusst, wie wir Menschen es tun. Bewusste Atmung bedeutet, dass die Delphine und Wale nur mit einer Hälfte ihres Gehirns schlafen, während die andere darauf achtet, dass der Körper in regelmässigen Abständen zum Luftholen auftaucht. In allen Kulturen, die sich der Erweiterung des Bewusstseins widmen, hat das Atmen eine zentrale Bedeutung. Bewusstes Atmen gilt als gleichbedeutend mit geistigem Bewusstsein.

Blubber

Die gegenüber Menschenhaut hundertmal dickere Haut der Delphine und Wale ist samtweich und bedeckt eine dicke Speckschicht, Blubber genannt, die vor Kälte schützt und als Fettreserve dient. Die Haut sondert ständig eine ölige Substanz aus, die sie im Wasser extrem gleitfähig macht.

Cetacea

Wale und Delphine gehören derselben Familie an, nämlich der Cetacea. Die Familie der Waltiere besteht aus einer Vielzahl von Arten, die in allen Ozeanen leben. Selbst nahe verwandte Arten können weit voneinander entfernt beheimatet sein. Sie schliessen sich oft zu Gruppen zusammen, die man Schulen nennt.

Delphine und schwangere Frauen

Delphine sind von schwangeren Frauen besonders angetan. Es wurde oft beobachtet, dass sie auf dem Rücken vor ihnen her-

schwimmen und dabei ihre eigenen Bäuche zeigen. Manche Forscher vermuten, dass Delphine in der Lage sind, wahrzunehmen, dass eine Frau schwanger ist, auch wenn diese selbst noch nichts davon ahnt. Daher kann es sehr vielsagend sein, wenn sich bei einer Begegnung mit Delphinen auffallend viele von ihnen zu einer bestimmten Frau hingezogen fühlen.

Ernährung

Spielen und die Futtersuche sind die häufigsten Beschäftigungen von Delphinen. Aufgrund ihrer hohen Stoffwechselrate benötigen sie enorm viel Nahrung, die sie in Form von proteinreichen Fischen zu sich nehmen. Für den Beutefang benutzen sie ihr gutes Gehör, ihre rasch den Lichtverhältnissen anpassungsfähigen Augen und ganz gezielt das Sonarsystem. Sie zeigen einen grossen Erfindungsgeist, was ihre Nahrungsaufnahme betrifft. Ihre so erlernten unterschiedlichsten Fangtechniken geben sie ihrem Nachwuchs durch Schulung weiter.

Feinde

Die einzelnen Delphinarten teilen sich in der Regel denselben Lebensraum ohne grossen Konkurrenzkampf um Nahrung oder Territorium. Männchen sind jedoch durchaus gewillt, Weibchen durch Kämpfe zu schützen. Einzelne Tümmler zeigen auch hin und wieder Aggressionen, doch ist dies nicht die Regel. Delphine haben sich perfekt an ihren Lebensraum angepasst und haben wenig Feinde, zum Beispiel die Orcas und einige Haiarten. Bedroht sind sie vielmehr vom Menschen, durch Fischernetze und die Verschmutzung der Meere oder ihre Erwärmung als Auswirkung des Treibhauseffektes durch die Zerstörung der Ozonschicht.

Fürsorge

Delphine zeigen eine hohe Fürsorge füreinander. Hat ein Artgenosse Schwierigkeiten, an die Wasseroberfläche zu schwimmen, beispielsweise weil er verwundet ist, kommen ihm andere Delphine ganz selbstverständlich und unverzüglich zu Hilfe. Sie legen sich unter ihn und schieben ihn sanft nach oben, damit er wieder Luft holen kann. Solches Verhalten wurde schon öfters auch Menschen gegenüber gezeigt, denen sich Delphine grundsätzlich voller Vertrauen und wohlwollender Hilfsbereitschaft nähern. Die Fürsorge von Delphin-Mamas gegenüber ihren Kleinen ist ebenfalls sehr ausgeprägt. Die Kindheit der Delphine währt drei bis sechs Jahre, in denen sie viel von ihren Müttern lernen.

Gefangenschaft

Durch ihren ausgeprägten Spieltrieb eignen sich Delphine besonders gut zum Vorführen von akrobatischen Kunststückchen. Leider sind die Becken, in denen sie gehalten werden, meistens viel zu klein für diese Tiere, welche in den Weiten der Ozeane riesige Strecken zurücklegen, und als eine Art Swimmingpools ähneln sie in nichts der Vielfalt ihrer natürlichen Umgebung. In Delphinarien wie auch in Zoos drohen Delphinen häufig Krankheiten, die man mit hohen Medikamentengaben im Zaum zu halten versucht. Es ist anzunehmen, dass das Ausmass der seelischen Nöte dieser empfindsamen Wesen ihren körperlichen Stress noch bei weitem übertrifft. Trainer berichten von aggressiven Verhaltensweisen der Delphine in Gefangenschaft – ein Phänomen, das in der Freiheit selten beobachtet wird.

Es hat sich als äusserst schwierig erwiesen, die Tiere später wieder in ihre natürliche Umgebung zurückzuversetzen. Bei zu langer

Gefangenschaft haben sie es verlernt, Fische zu fangen. Man fand die mit einem Sender ausgestatteten Tiere oft halb verhungert wieder. Das Argument von Wissenschaftlern, solche Delphin-Pools seien für die Forschung wichtig, ist längst überholt. Etwas über Delphine erfahren zu wollen, indem man sie unter unwürdigen Umständen leben lässt, ist eine absurde Einstellung. Um wirklich etwas über sie lernen zu können und die Beziehung zu ihnen vertiefen zu können, ist eine wirkliche Kommunikation zwischen zwei gleichwertigen, in Freiheit lebenden Partnern notwendig.

Geschwindigkeit

Pfeilschnell schiessen Delphine mit ihrem geschmeidigen Körper durchs Wasser, kaum ein Körperteil bietet Widerstand. Dazu kommt der Effekt des gleitfähigen Blubbers, der für minimale Reibung zwischen Haut und Wasser sorgt. Delphine können Spitzengeschwindigkeiten von bis zu 40 Stundenkilometern erreichen, ein Phänomen, für das Wissenschaftler auch unter Heranziehung aller physikalischen Gesetze keine Erklärung haben. (Orcas sind bis zu 50 Kilometer in der Stunde schnell). Bereits im Jahre 1936 hatte Sir James Gray auf das ungleiche Verhältnis zwischen Kraftaufwand und Geschwindigkeit bei Delphinen hingewiesen, eine Erscheinung, die seither als „Graysches Paradox" bezeichnet wird. Die beim Schwimmen aufgewandte Kraft bewegt sich lediglich in der Grössenordnung von zwei PS, im Verhältnis zu ihrem Muskelgewicht verfügen Delphine jedoch über zehnmal mehr Kraft und Stärke als andere Säugetiere – ein energetisches Phänomen, das jeder naturwissenschaftlichen Erklärung trotzt.

Gemeinschaft

Delphine haben einen ausgesprochenen Gemeinschaftssinn und leben in der Gruppe, mit jeweils flexibler Zusammensetzung. Trotz langjähriger Beobachtung ist Wissenschaftlern das soziale Leben von Delphinen zum Teil noch ein Geheimnis geblieben. Man weiss nur, dass es sich um komplexe Formen des Zusammenlebens handelt. Doch es scheint ein Zusammenleben zu sein, welches sich zum einen meist friedliebend und harmonisch gestaltet, und zum anderen einer bewussten Absicht folgt. So ist es üblich, dass sich einige Delphine zeitweilig von der Gruppe trennen, um dann nach manchmal mehrere Wochen dauernder Wanderschaft wieder zurückzukehren. Die soziale Ordnung in der Gruppe ist fliessend, es gibt einige Mitglieder einer Kerngruppe, ansonsten herrscht sozusagen ein freies Kommen und Gehen. Zeugungsfähige Weibchen werden aber manchmal längere Zeit von zwei Männchen bewacht. Sogar für die Nahrungsaufnahme wechseln sich die Männchen ab, um ihr Weibchen nicht aus den Augen zu verlieren. Unter Delphingruppen wurden gelegentlich auch Kämpfe und Auseinandersetzungen beobachtet.

Die grossen Wale leben weniger in Gruppen, gerade die grössten unter ihnen sind zum Teil ausgesprochene Einzelgänger.

Hochfrequente Existenz

Delphine schwingen in einer hohen Frequenz, die ihre Existenz mit Humor, Weisheit und überschäumender Lebenslust erfüllt. Transformation auf eine höhere Ebene der Existenz ist heute wichtiger denn je. Neue, bisher unbekannte Krankheiten treten auf, deren rasende Verbreitung keine Zeit für wissenschaftliche Forschung lässt, gegen die sich aber jeder Mensch individuell schützen kann. Viren und Bakterien finden ihre Resonanz auf bestimmten niedrigen Schwingungsebenen des Menschen. Erhöht der Mensch seine Eigenschwingung, ist seine Frequenz also höher als diejenige der krankmachenden Erreger, ist dies sein bester Schutz vor Krankheiten.

Humor

Damit ist nicht etwa der überaus freundliche Anblick gemeint, das Lächeln, das Delphinen buchstäblich ins Gesicht geschrieben steht. Es ist vielmehr der Humor gemeint, von dem viele Menschen, die eine Begegnung mit ihnen hatten, übereinstimmend berichten, und der gleichermassen faszinierend und unbeschreiblich ist. Eine Form von Humor, die sehr viel mit Meisterschaft über sich selbst zu tun haben muss, denn selbst in der Gefangenschaft von Delphinarien geht er den Tieren nicht verloren.

Eine Erklärung dafür könnte die spezielle Beschaffenheit ihres Gehirns sein. Das hochentwickelte Gehirn der Wale und Delphine erhält seine Energie aus der emotionalen Aktivität des limbischen Systems, welches seinen Sitz im Stammhirn hat. Das limbische System ist für den Ausdruck von Emotionen zuständig. Es ist ein hoher Anteil von Assoziationsneuronen des „Neuen Gehirns" gegenüber Neuronen des Stammhirns oder „Alten Gehirns" bzw. limbischen Systems notwendig, um bestimmte Fähigkeiten wie Objektivität, Humor, logisches und abstraktes Denken, höhere Formen der Kreativität und emotionale Selbstkontrolle auszubilden. Ein geringer Anteil von Neuronen des Neuen Gehirns verbindet sich andererseits mit emotionaler Instabilität, Reizbarkeit, Objektivitätsverlust, Humorlosigkeit, Egozentrik und Halluzinationen. Bei Delphinen hat man festgestellt, dass das Verhältnis von Assoziationsneuronen gegenüber den Neuronen des Stammhirns ungleich höher ist als beim Menschen.

Intelligenz

Dass Delphine und Wale hochintelligent sind, ist heute eine allgemein bekannte Tatsache. Wie sich ihre Intelligenz spezifisch ausdrückt, ist dagegen – darin sind sich die Forscher einig – nicht unbedingt in Begriffen zu beschreiben, wie sie für die Spezies Mensch gelten.

Integration der Hemisphären

Der Mensch wird gemeinhin als einziges Lebewesen auf der Erde betrachtet, das im Besitz einer rationalen Intelligenz ist, die bei Rechtshändern der linken Hemisphäre des Gehirns zugeordnet wird. Die rechte Hemisphäre dagegen hat mit bildhaften Vorstellungen, Kreativität, mit Intuition und Emotionen zu tun. Beide Hemisphären arbeiten grundsätzlich etwas anders, wobei man die Zuordnung nicht als total festgelegt ansehen darf. Tatsache ist jedoch, dass der Mensch im Laufe seiner Evolution sehr einseitig die analytisch-manipulativen Eigenschaften der linken Hemisphäre förderte und das kreative Potential der rechten Hemisphäre nicht voll ausschöpfte, ja, es fast verkümmern liess. Wahrscheinlich ist es vor allem der Evolution unserer Sprache zu verdanken, dass sich eine Spezialisierung der beiden Hirnhälften ausgebildet hat, bei der (bei Rechtshändern) die linke Hemisphäre mit ihren verbal-intellektuellen und analytischen Verarbeitungszentren dominiert. Forscher vermuten, dass Delphine und Wale durch deren längere Evolution die intuitiven Anteile ihres Gehirns besser entwickeln konnten. Die Walfamilie war kaum durch unmittelbare Gefahren bedroht, daher konnten sich wahrscheinlich kontemplative, kreative Strukturen des Gehirns, generell die auf Kreativität und Spielfreude beruhenden Funktionen der rechten Hemisphäre, in einer hohen Organisiertheit entwickeln, die rechte Hirnhälfte ist bei ihnen im Verhältnis zur linken etwas grösser. Der hochzivilisierte, linkshemisphärisch dominierte Mensch muss wieder lernen, Wissen

und Weisheit aus den kreativen Quellen der rechten Hemisphäre in ein ganzheitliches Denken zu integrieren. Denn heute weiss man: Die Aktivitäten der beiden Hemisphären stellen verschiedene Arten eines Bewusstseins dar, und sie ergänzen sich im optimalen Falle. Es kann als Tatsache angesehen werden, dass eine ausgewogene und freie Interaktion zwischen diesen beiden Arten des Bewusstseins zu einer vollendeten Selbsterfüllung des Menschen führen kann.

Bei der Anwendung der Delph-Essenz kommt es zu einer Stimulierung der rechten Hemisphäre. Manche Anwender nehmen intutitiv einen Ausgleich zwischen beiden Hemisphären wahr.

Kommunikation

Delphin-und Walforscher haben festgestellt, dass diese unergründlichen Wesen sehr stark auf Musik reagieren. Musik ist eine Art von Sprache, die über nichtrationale Ebenen läuft. Musik spricht Gefühle an oder löst sie aus, Musik kann Botschaften überbringen und erreicht Menschen auf fundamentalen Ebenen der Verständigung. Musik, oder vielmehr Klang und Ton, ist vielleicht das Medium, das eine artübergreifende Verständigung zwischen Cetaceen und Menschen ermöglichen könnte.

Wie Delphine sich untereinander verständigen und über welche Formen der Wahrnehmung sie verfügen, ist ein ebenso spannendes wie geheimnisvolles Phänomen. Sie haben keine Stimmbänder, sondern erzeugen ihre Töne in den Luftkammern unter der Nasenöffnung. Durch einen kontrollierten Luftaustausch innerhalb dieser Kammern werden verschiedene Frequenzen erzeugt, die entweder als Echolotpeilung zur Orientierung oder als Kommunikationsmittel dienen. Man vermutet, dass das Kommunikationssystem von Delphinen als eine Art digitale Sprache zu verstehen ist: Ihre Töne enthalten komplexe Informationen, die in einer Schnelligkeit kommuniziert und verarbeitet werden, wie es vergleichsweise nur durch Computer möglich ist, und die der Natur von Hologrammen ähnlich sein dürften.

Das Wal-Gehirn weist eine Besonderheit auf, die bei keinem andern Säugetier zu finden ist, den sogenannten paralimbischen Lappen. In ihm vereinigen sich sensorische und motorische Funktionen, die im menschlichen Gehirn weit voneinander entfernt liegen. Dieser Umstand ermöglicht es Delphinen und Walen, die verschiedensten sensorischen und motorischen Wahrnehmungen innerhalb kürzester Zeit zu einem Bild mit höchstem Informationsreichtum zu integrieren. Im Unterschied dazu ist dieser Vorgang beim Menschen mit einem erheblichen Zeit- und Informationsverlust verbunden.

Neugier

Manche Delphinarten sind dafür bekannt, dass sie sehr neugierig sind und sich dem Menschen voller Vertrauen nähern. Sie lieben es, in der Bugwelle von Segelbooten und Schiffen zu „surfen", und nicht selten suchen sie an den Küsten direkten Kontakt mit den Menschen. Bei aller Zutraulichkeit sollte jegliche Interaktion zwischen Delphin und Mensch von den sensiblen Delphinen ausgehen. Sie sind hellwach und spüren sofort, welche Situation ihnen veränderte Verhaltensweisen und Reaktionen abverlangt. So kann zum Beispiel verspielter Übermut wacher Aufmerksamkeit und rücksichtsvoller Vorsicht weichen, wenn kleine Kinder in der Nähe sind. Ihr Vertrauen geht jedoch nicht so weit, dass sie alles mit sich machen lassen würden. Begegnet man ihnen auf ungebührliche Weise, suchen sie schnell das Weite.

Schwangerschaft und Geburt

Weibliche Delphine bringen in ihrem Leben nur wenige Junge zur Welt. Sie sind ab neun Jahren geschlechtsreif. Die embryonale Entwicklung durchläuft ähnliche Stadien wie beim Menschen, bei einer längeren Dauer von etwa zehn bis 16 Monaten. Einer Delphin-Mama sieht man ihre Schwangerschaft kaum an, sie behält ihre stromlinienförmige Gestalt und ist vollkommen beweglich und anmutig bis zum Ende der Tragzeit. Es vergehen Jahre, bis eine weitere Schwangerschaft erfolgt.

Der kleine Delphin kommt gut entwickelt zur Welt, mit dem Schwanzende voran, und kann sofort schwimmen. Während der Geburt sind weitere weibliche Delphine als „Hebammen" anwesend, die Männchen halten sich in respektvollem Abstand. Männliche Delphine haben auch später so gut wie keinen Anteil an der Betreuung des Nachwuchses (mit Ausnahme des Orca-Männchens). Die Hebammen helfen dem kleinen Neuankömmling nach oben, damit es seine ersten Atemzüge tun kann. Sie schieben sich dabei zu zweit oder zu dritt unter das Kleine und tragen es behutsam an die Meeresoberfläche. Diese Art von Hilfe wird auch verletzten Artgenossen so lange gewährt, bis diese wieder gesund sind und alleine schwimmen können. Am Anfang bleiben das Kleine und seine Mutter in engem Kontakt und schwimmen in vollkommener Harmonie miteinander wie zwei nahe Freunde. Bald wird der kleine Delphin zwar abenteuerlustiger und neugierig, wie es seinem Naturell entspricht, bleibt aber immer in der Nähe seiner Mutter. Oft schliessen sich mehrere Delphin-Mamas mit ihren Kindern zusammen.

Sexualität

Offensichtlich scheinen Delphine sehr häufig und sehr viel Spass am Sex zu haben. Der Paarungsakt erfolgt meistens Bauch an Bauch, die Vereinigung ist kurz, dabei sanft und ohne jede Hast und Eile. Der Penis des Männchens, normalerweise in einer Hautfalte verborgen, schiesst pfeilschnell heraus. Er wird offenbar willentlich aktiviert, da man im Training herausgefunden hat, dass Delphine ihn im Handumdrehen zur Erektion bringen können. Der

Paarungsakt erfolgt meistens mehrmals, es ist nicht ungewöhnlich, dass ein Weibchen mehrere Geschlechtspartner hat. Dies geschieht aber nicht wahllos, sondern erfolgt durch eine bewusste Auswahl. Dabei kann es auch vorkommen, dass verschiedene Arten zusammentreffen. Meistens sind jedoch die Nachkommen eines solchen Rendezvous nicht lebensfähig.

Die Art der Beziehungen, die Delphine zueinander aufnehmen, sind nicht klar erkennbar und scheinbar ohne deutliche Regeln. Man weiss nicht genau, ob es unter ihnen so etwas wie eine feste, monogame Verbindung gibt. Viele Forscher vermuten, dass Delphine eher polygam veranlagt sind und Sexualität eine soziale Aktivität darstellt, die vor allem von ihrem Bedürfnis nach intensivem Austausch und Hautkontakt geprägt ist.

Sinnlichkeit

Gewöhnliche Delphine

Delphine sind sinnliche Wesen, sie berühren sich sehr häufig und geniessen es offensichtlich, in engem Hautkontakt mit ihren Artgenossen zu stehen. Ihre stromlinienförmigen, mit samtweicher Haut bedeckten Körper gleiten weich und mühelos im Wasser dahin, und sie stehen beinahe ständig in Körperkontakt miteinander. Oft sieht man zwei und mehr Delphine, die fast Kopf an Kopf nebeneinander herschwimmen. Nach neuesten Untersuchungen soll die Haut von Delphinen hochsensibel

und berührungsempfindlich sein. Sie lassen sich nur von Menschen berühren, die sie kennen oder denen sie spontan vertrauen. Daher sollte man immer warten, bis man von ihnen freiwillig berührt wird, da sie auf einen derartigen Eingriff in ihre Privatsphäre empfindlich reagieren und schnell wegschwimmen.

Sonarsystem

Delphine nehmen die Welt nicht primär visuell wahr wie der Mensch, sondern akustisch. Ihre visuellen Fähigkeiten sind nicht sehr ausgeprägt, manche Arten, vor allem die Flussdelphine, sind so gut wie blind. Es handelt sich bei ihnen allerdings um ein viel weiter entwickeltes „Hören“ als beim Menschen. Delphine verfügen über ein Sonarsystem, ähnlich dem der Fledermaus, das aus den reflektierten Signalen eines Objekts ein dreidimensionales Klangbild erzeugt. Diese Echolotpeilung, hörbar als die typischen Klicklaute, liefert Delphinen detaillierte Bilder von den Objekten ihrer Umwelt. Dadurch sehen sie nicht, sondern „hören“ vielmehr, wie gross ein Hai ist, wie weit entfernt er ist und in welcher Richtung er sich bewegt oder sogar, welche Beute sich im Sand versteckt hält, indem sie ihr Sonarsystem bewusst einsetzen. Wenn Gefahr droht, ist von der ganzen Gruppe kein Laut zu vernehmen, um sich nicht zu verraten.

Darüber hinaus geben Delphine auch Pfeiftöne von sich, die zum Teil so hohe Frequenzen erreichen können, dass sie für Menschen nicht mehr hörbar sind. Diese Pfeiftöne dienen nach heutigen Erkenntnissen wahrscheinlich dem Erfassen und Identifizieren von Befindlichkeiten und Stimmungen ihres lebendigen Gegenübers. Forscher beschreiben dieses Phänomen als eine Art „Röntgenaufnahme“, was aber wahrscheinlich die Dimension dieser Art der Wahrnehmung nicht annähernd beschreibt. Dafür verhalten sie sich psychologisch zu sicher: Sie behandeln schüchterne Menschen sanft, zeigen gegenüber Kindern umsichtiges Verhalten und weisen übermütige Forschheit in ihre Schranken. Forscher, die mit Hilfe von Delphinen körperlich und geistig behinderte Kinder behandeln, nutzen dieses Phänomen für ihre therapeutische Arbeit.

Spiel

Delphine lernen alles, was für ihr Überleben wichtig ist, im Spiel. Spielen ist ein wesentliches Merkmal von Intelligenz und ein unverzichtbarer Bestandteil von Kreativität und Flexibilität. Ihre humorvoll-spielerische Natur, ihre Neugierde und Lebenslust erhalten sie sich bis ins Erwachsenenalter. Delphine können wahrhaft akrobatische Luftsprünge vollziehen, surfen auf riesigen Brechern

Grosser Tümmler

vor den Küsten und reiten auf den Bugwellen von Schiffen. Sie scheinen dabei immer ausgesprochenen Spass zu haben. Forscher vermuten, dass dieses Verhalten auch eine soziale Funktion haben könnte, indem durch gemeinsamen Genuss Bindungen gefestigt werden. Besonders bemerkenswert ist, dass Delphine selbst in Gefangenschaft ihre eigenen Spiele erfinden. Es scheint ihnen ein Grundbedürfnis zu sein, ebenso wie das Bedürfnis nach Abwechslung im Spiel.

Sterben

Ein Delphin wird zwischen 20 und 40 Jahre alt. Darf er sein Leben natürlich beenden, füllen sich seine Lungen am Ende seiner Tage mit Wasser, und sein Körper sinkt langsam hinunter in die Tiefen des Meeres.

Töne, die heilen

Man vermutet, dass die Pfeiftöne der Delphine, deren Frequenz bis zu 130.000 Hertz beträgt, das zentrale Nervensystem und die Gehirnströme des Menschen stimulieren. Möglicherweise aktivieren sie auch unsere Chakren.

Transzendenz

Die Leistungen, zu denen Delphine und Wale in der Lage sind, stossen an die Grenze des naturwissenschaftlich orientierten Weltbildes. Immer wieder ist von Delphinforschern zu hören, dass Delphine über eine erweiterte Wahrnehmung verfügen müssen, dass sie wahrscheinlich „hellsichtig" oder „hellhörig" seien. Dass sie vielleicht tief in unsere Seele zu blicken vermögen, können jene bestätigen, die schon einmal das Glück einer Begegnung mit ihnen hatten. Ihre Art von Wahrnehmung macht es möglich, sich jederzeit über geistige Ebenen mit ihnen zu verbinden.

Zusätzliche Informationen über Delphine und Wale

Alle heute lebenden Grosswale und Delphine sind miteinander verwandt und haben gemeinsame Merkmale. Diese Grossgruppe der Säugetiere hat sich über 50 Millionen Jahre hindurch kontinuierlich entwickelt. Die zoologischen Klassifizierungen sind je nach Quelle unterschiedlich, manche Delphine werden als Wale eingeordnet oder umgekehrt. Es gibt so zahlreiche und zum Teil ähnliche Arten, dass selbst die Experten bei der Bestimmung untereinander nicht einer Meinung sind.

Delphine und Wale werden der Familie Cetacea (von lat. Cetus = grosses Meertier) zugeordnet. Grob lassen sich Wale und Delphine durch ihre Grösse unterscheiden: Als Wale werden in der Regel jene Cetaceen bezeichnet, die grösser als etwa drei Meter sind, die kleineren als Delphine, wobei es Überschneidungen gibt.

Ein differenzierteres Unterscheidungsmerkmal ist die Ausstattung ihrer Mundwerkzeuge. Elf Arten haben sogenannte „Barten". Barten sind Reihen von dichtstehenden triangelförmigen Fasern aus Keratin – aus dieser Substanz bestehen auch menschliche Fingernägel – mit einem haarigen Saum. Diese von den Kiefern herabhängende elastische Fasermatte filtert aus dem aus dem Mundinnern herausgedrückten Wasser die Mikroorganismen heraus, von dem sich die Bartenwale ernähren. Zahnwale besitzen ein voll ausgebildetes Gebiss mit einer unterschiedlichen Anzahl von Zähnen. Sie ernähren sich von Fischen und Plankton. Die Delphine zählen sämtlich zu den Zahnwalen. Die Unterordnung der Schnabelwale hat zum Teil nur zwei oder vier Zähne im Unterkiefer. Ihre Hauptnahrungsquelle sind Kopffüssler wie zum Beispiel Kalmaren. Zu den Furchenwalen zählen zum Beispiel Blau- und Buckelwale. Sie haben vom Unterkiefer bis zum Unterleib reichende Furchen, die

sich bei der Aufnahme riesiger Nahrungsmengen erheblich ausdehnen können.

Die nachfolgende Aufstellung listet einen Teil der grossen Zahl von Delphin- und Walarten auf. Sie sind nach ihrem Vorkommen in bestimmten klimatischen und geographischen Regionen geordnet, an die sie sich durch spezifische Merkmale angepasst haben.

Begriffserklärung:

Finne:	Rückenflosse
Flipper:	Brustflossen
Melone:	Schädel

Merkmale und Besonderheiten der verschiedenen Delphine und Wale

Blauwal

Vorkommen:
Alle Meere

Er ist das grösste lebende Tier der Erde und am meisten vom Aussterben bedroht. Er erreicht eine Länge von 25 bis 31 Metern und ein Gewicht von bis zu 200 Tonnen! Aus der Luft betrachtet zeigt er trotz immenser Grösse eine elegante, stomlinienförmige Gestalt. Er ist eher ein Einzelgänger, ebenso wie der etwa 14 Meter grosse Brydewal.

Buckelwal

Sein Name bezieht sich auf seine Eigenschaft, unter Bildung eines Buckels abzutauchen. Die bemerkenswert langen Flipper des etwa 13 Meter langen Tieres sind von typischen Beulen und Scharten besetzt. Er verbringt den Winter in tropischen und den Sommer in gemässigten Gewässern. Berühmt ist er seiner schönen Gesänge wegen, die mehrere Stunden andauern können.

Gefleckter Delphin

Die Schnauze des erwachsenen Tieres hat eine leuchtend weisse Spitze.

Gewöhnlicher Delphin

Häufigster und geselligster Delphin. Der stromlinienförmige Körper erreicht eine maximale Körperlänge von 2,5 Metern und wiegt selten über 75 Kilo. Die Färbung mit schwarzem Rücken und weissem Bauch ist charakteristisch. Die gelb bis grau abgetönten Flankenmarkierungen bilden eine sehr schöne sanduhrartige Zeichnung. Die lange Schnauze ist schwarz mit weisser Spitze.

Grindwal

Die am weitesten verbreitete Delphinart. Die einzelnen Gruppenverbände entwickeln starke Bindungen und haben ein Leittier.

Grosser Tümmler

Populär geworden als „Flipper", ist er wohl der bekanntesteste aller Delphine. Typisch sind seine kurze Schnauze und sein einnehmendes Lächeln. Er kann eine maximale Körperlänge von 4 Metern und ein Gewicht von 275 Kilo erreichen. Der stromlinienförmige Körper ist grau bis braun, der Bauch hellgrau bis rosa. Erwachsene Tiere sind stark mit Narben gezeichnet. Dies gilt vor allem für Männchen, die in Kämpfen mit Artgenossen oft gebissen werden.

Pilotwal

Pilotwale erreichen eine Körperlänge von 5 bis 7 Metern und ein Gewicht von 1,5 bis 4 Tonnen. Sie tauchen meist in größeren Gruppen auf und sind durch ihre dunkle, grosse, gebogene Finne gut erkennbar.

Pottwal

Diese Art weist Grössenunterschiede von 2,7 bis zu 20 Metern auf. Wahrscheinlich kann er von allen Walarten am tiefsten und längsten tauchen, man vermutet Tauchtiefen zwischen 1.100 und 3.200 Metern.

Schnabelwal

Die unter den verschiedensten Namen aufgeführten Schnabelwale haben im typischen Aussehen eine längliche Schnauze mit einem kurzen Kopf. Die wenigen Zähne, meistens nur zwei Stück, sind bei einigen Arten sichtbar. Sie können sehr tief tauchen und zeigen sich nicht sehr oft und nicht lange an der Wasseroberfläche. Die Namen beziehen sich auf ihre Entdecker oder ihren Herkunftsort.

Schwertwal oder Orca

Der grösste unter den Delphinen mit einer Länge bis zu 9,5 Metern und einem Gewicht von 8.000 Kilo. Die typische markante Färbung ist der schwarze Rücken mit den geschwungenen weissen Flecken über und hinter den Augen und dem Sattel hinter und unterhalb der Finne. Diese Markierungen sind individuell unterschiedlich, daher dienen sie Meeresbiologen zur Identifikation.

Die Flipper sind gross und paddelförmig. Die teilweise noch gebräuchliche Bezeichnung „Killerwal" ist überholt und irreführend, da sie dem ausgesprochen sozialen Naturell dieser Art nicht gerecht wird. Ihren Namen bekamen diese Tiere wahrschein-

lich, da sie als einzige Cetaceenart kleinere Delphine jagen und fressen.

Seiwal

Der Seiwal wird 14,5 bis 18 Meter lang und 20 bis 30 Tonnen schwer. Wie der Blau- und Grauwal gehört er zur Familie der Finnwale. Sein Kopf ist schmal und seine Körperfärbung dunkelgrau.

Vorkommen:
Arktis

Narwal

Der Narwal ist an seinem spiralig gedrehten, 2 Meter langen Stosszahn zu erkennen, dessen Bedeutung bis heute noch nicht ganz geklärt ist und ihm ein fabelähnliches Aussehen gibt. Eine Finne fehlt und wird wie beim Beluga durch einen Rückenkamm ersetzt. Die Länge beträgt ohne Stosszahn etwa 4,7 Meter, das Höchstgewicht erreicht 1600 Kilo. Der Körper ist braun-schwarz gesprenkelt, bei alten Tieren fast weiss.

Weisswal oder Beluga

Der weisse Beluga ist die häufigste Walart der Arktis. Er kann bis zu 5,7 Metern lang werden und wiegt bis zu 1600 Kilo. Er hat mit seinem robusten Körper und seiner kurzen, abgesetzten Schnauze ein sehr typisches Aussehen. Die fehlende Finne wird von einem gesägten Rückenkamm ersetzt. Die Halswirbel sind nicht miteinander verschmolzen, wie es sonst bei Delphinen der Fall ist. Dadurch erhöht sich die Biegsamkeit des Körpers, was ihm ein grösseres Gesichtsfeld erschliesst.

Gestreifter Delphin

Seinen Namen erhielt der 2,7 Meter lange Delphin durch das schwarze Band, das von den Augen bis zur Genitalregion verläuft und den weissen Bauch von den grauen Flanken farblich trennt.

Vorkommen: Gemässigte und tropische Gewässer

Rundkopf-Delphin

Der robuste Körper ist bis zu 4 Meter lang, dunkelgrau, mit zahlreichen kreuz und quer verlaufenden Narben. Die Schnauze fehlt, der Kopf ist vom Körper etwas abgesetzt. Seine Melone ist auffallend gross. Er wird gewöhnlich in Gruppen von etwa zwölf Tieren angetroffen.

Spinnerdelphin

Er zählt zusammen mit dem verwandten Dunklen Delphin zu den tollsten Akrobaten in der Delphin-Familie. Er kann bei einem einzigen Luftsprung vier und mehr Umdrehungen ausüben, kopfüber eintauchen, sowie überschwengliche Rollen und Drehungen um Längs- und Querachse ausführen. Es gibt verschiedene Arten mit kürzeren und längeren Schnauzen. Er ist etwa 2 Meter lang, und der Körper zeigt eine unterschiedliche Färbung von dunkel- bis hellgrau.

Gangesdelphin, Indusdelphin

Äusserlich sind beide Arten kaum zu unterscheiden, ihr Körper ist klein, pummelig und von grauer Färbung. Auffallendstes Merkmal ist die lange schlanke Schnauze. Beide Arten sind fast völlig blind, da sie in trüben Gewässern mit reichlich Schwebstoffen leben. Daher ist die Schallortung sehr gut entwickelt und die Augen sind zu kleinen Punkten verkümmert, die nur eine Hell/Dunkel-Unterscheidung vornehmen können.

Vorkommen: Küstengewässer

Hectors-Delphin

Der seltene Hectors-Delphin ist etwa 1,5 Meter gross und bis maximal 58 Kilo schwer. Seine Heimat ist Neuseeland.

La Plata, Chin. Flussdelphin oder Beji

Beide Arten zeigen eine lange Schnauze mit an der Vorderseite gewölbter Melone, wie es so typisch ist für das Aussehen der Flussdelphine. Die Finne hat eine abgerundete Spitze. Die Namen geben ihre jeweilige Heimat wieder. Der Beji wird von den Chinesen seit 2000 Jahren als „Weisse Flussgöttin" verehrt. Heute ist er durch Industrialisierung und zunehmende Umweltverschmutzung vom Aussterben bedroht.

Rosaroter Amazonasdelphin

Er ist der grösste aller Flussdelphine.- Seine Haut ist so dünn, dass die Äderchen rosa durchscheinen. Er lebt im Flusssystem des Amazonas und dem Orinoko, Südamerika.

Schweinswal

Er hat einen etwa 2 Meter langen und robusten Körper und wiegt 90 Kilo. Die Schnauze ist nicht abgesetzt und die Finne zeigt eine typische Dreiecksform. Der Schweinswal bewohnt die gemässigten und subarktischen Küstengewässer der nördlichen Halbkugel und zeigt ein unauffälliges, scheues Wesen. Der Grund dafür liegt vielleicht darin, dass er von Orcas gerne gejagt wird.

Tucuxi

Vor allem wegen seines Lächelns ähnelt der 1,8 Meter lange Tucuxi im Aussehen dem Grossen Tümmler. Er ist im Stromsystem des Amazonas und des Orinocos anzutreffen, ebenso in Küstengewässern und Flüssen des nördlichen Lateinamerika, der Ostküste von Zentralamerika und bei einigen Karibischen Inseln.

Was können wir für Delphine und Wale tun?

Ein Buch über Delphine und Wale muss leider auch auf deren Gefährdung eingehen. Zahlreiche Veröffentlichungen, Bücher und Filme haben in den letzten Jahren wiederholt und ausführlich auf verschiedene Aspekte ihrer Bedrohung aufmerksam gemacht. Wir möchten an dieser Stelle einige konkrete Anregungen dazu geben, was jeder einzelne zum Wohle der Delphine und Wale unmittelbar in die Tat umsetzen kann.

Kaufen Sie nur delphinfreundlich gefangenen Thunfisch!

Viele Delphine verfangen sich in den Netzen, mit denen Thunfische kommerziell gefangen werden. Es kommt sehr oft vor, dass sie schon tot sind, bevor man sie daraus befreien kann.

Verzichten Sie auf den Besuch von Delphinarien!

Diese Einrichtungen werden den freiheitsliebenden Delphinen meistens in keiner Weise gerecht.

Fordern Sie Schutzgebiete für Delphine und Wale, sowie ein weltweites Fangverbot!

Noch immer gibt es verschiedene Nationen, die rücksichtslos bedrohte Delphin- und Walarten abschlachten. Das Abschlachten von Walen vor den Faröer-Inseln ist hierfür ein besonders grausames Beispiel.

Helfen Sie mit, das Wasser rein zu halten!

Die Verschmutzung der Meere hat in den vergangenen Jahrzehnten stark zugenommen. Die Delphine und Wale geraten

Korallen reagieren empfindlich auf verschmutztes Wasser und sterben darin sogar ab.

dadurch immer mehr in Bedrängnis. Hier sind nicht nur Tankerunglücke und Atom-U-Boote zu nennen, sondern auch die Verschmutzung durch Abwässer und Boote.[12)]

Fahren Sie nur mit erfahrenen Kapitänen, die Delphine und Wale respektieren, aufs Meer!

Der kommerzielle Massentourismus stört Delphine und Wale in ihrem Lebensraum. Die lauten Motoren sind für die geräuschempfindlichen Tiere unangenehm, da das Wasser diesen Lärm auch über grosse Entfernungen übertragen kann. Auch sieht man oftmals zu viele Boote um eine Gruppe von Walen oder Delphinen.

12) Informationen zu Wasseraktivierungen siehe Seite 89, zum System für umweltschonendes Waschen siehe Seite 153.

Erdende und angstlösende Essenzen

Blütenessenzen

Basilikum (Ocimum basilicum)

Hilft bei allen Problemen, die mit der Angst vor Sexualität zu tun haben. Besonders geeignet für Menschen, die Schuldgefühle mit der Sexualität verbinden. Hilft Menschen, die Sexualität angstfreier zu erleben und als natürlichen Bestandteil des Lebens zu geniessen.

Gauklerblume (Mimulus gultatus)

Hilft Vertrauen zu fassen bei Ängsten vor konkreten Dingen, zum Beispiel Höhenangst, Angst vor Reisen, Wasser usw. Bei überempfindlichen Angstreaktionen auf fremde Umgebungen. Hilft, solche Ängste schneller zu überwinden und Vertrauen zu fassen.

Geissblatt (Clematis vitalba) Clematis

Fördert die Erdverbundenheit und stärkt den Sinn für die Realität. Es unterstützt die Konzentration und erhöht die Fähigkeit, sich nicht ablenken zu lassen.

Johanniskraut (Hypericum perforatum)

Schenkt das Gefühl von Geborgenheit und Wärme. Die Blüte ist besonders hilfreich für Kinder, die sich alleine gelassen fühlen. Allgemein für Menschen, die Angst vor dem Alleinsein haben. Hilft zu entspannen und loszulassen. Auch für Menschen, die sich von unruhigen Träumen gestört fühlen.

Knöterich (Polygonum bistorta)

Hilft Menschen, die die Tendenz haben, in Gedanken stets an mehreren Orten gleichzeitig zu sein. Sie unterstützt uns dabei, voll anwesend zu sein, uns zu zentrieren und zu konzentrieren.

Sonnenröschen (Helianthemum nummularium) Rock Rose

Hilft bei panischen, als lebensbedrohlich empfundenen Ängsten Vertrauen und innere Ruhe wiederzufinden. Schenkt Standfestigkeit und Stärke in allen Lebenssituationen.

Wilder Knoblauch (Allium angulosum)

Die Universalblüte für alle Arten von Ängsten. Man lernt, zwischen vermeintlichen und tatsächlichen Gefahren zu unterscheiden und zu erkennen, dass der beste Schutz nicht in der ständigen Verteidigungshaltung liegt, sondern darin, Überblick und Vertrauen zu bewahren. Unterstützt ausserdem das Immunsystem energetisch.

Zitterespe (Populus tremula) Aspen

Hilft bei vagen, nicht fassbaren Ängsten. Es fällt leichter, zwischen ängstlicher Phantasie und bedeutsamer Vorahnung zu unterscheiden. Aspen schenkt Vertrauen und stärkt innerlich. Hilft, grosses Einfühlungsvermögen und Sensibilität als besondere Gabe zum Wohle aller einzusetzen.

Edelsteinelixiere

Aquamarin

Wirkt beruhigend, klärend und erfrischend und hilft, auch dann in der Mitte zu bleiben, wenn man den Fluss des Lebens als einen bedrohlichen Strom empfindet.

Bergkristall

Schenkt das Gefühl von Schutz und Stabilität. Man fühlt sich gekräftigt und emotional stabilisiert. Hilft, in der Mitte zu bleiben.

Rosenquarz

Gibt ein Gefühl von Geborgenheit und Schutz, wenn die Angst das Herz abschnürt. Für alle emotional intensiv empfundenen Ängste. Vermittelt ein tiefes Gefühl von Vertrauen und Geborgenheit.

Smaragd

Öffnet das Herz für die Vielfalt des Lebens. Aktiviert die Intuition und schafft eine klarere Verbindung zum Höheren Selbst. Energetische Klärung von Ängsten.

Zitrin

Stärkt und kräftigt das Gefühl des Vertrauens im Sonnengeflecht. Man fühlt sich innerlich stabiler und gelassener. Besonders gut auch für Kinder geeignet.

Pilzessenz

Orangebecherling (Aleuria aurantia)

Hilft einen Ausgleich zwischen Materie und Geist zu schaffen. Einerseits für Menschen, die noch sehr mit der Materie verhaftet sind, andererseits für Menschen, die zu kopflastig sind und ihre körperlichen Bedürfnisse zu wenig beachten.

Kakteenessenzen

Here and Now-Kaktus (Hylocereas undatus)

Fördert die Verbindung zur Materie, hilft, den eigenen Körper zu akzeptieren und stärkt die Liebe zu unserem Planeten.

Grounding Opuntia (Opuntia dejecta)

Bringt Verwurzelung und Standfestigkeit. Hilft, in sich zur Ruhe zu kommen und aus dieser Haltung heraus sich selbst zu sein.

Die Amazonas-Flussessenz

Wir entwickeln durch diese Essenz ein Verständnis für die Erde. Sie unterstützt uns, Blockaden aufzulösen und hat sich bei energetischen Rückenverspannungen bewährt. Die Essenz hilft uns, wieder in Fluss zu kommen.

Der Amazonas ist der grösste Fluss der Erde. Er durchfliesst auf 5000 Kilometern Stromlänge den südamerikanischen Kontinent parallel zum Äquator. Seine Wasseroberfläche beträgt sieben Millionen Quadratkilometer, und an der Mündung entspricht seine Breite etwa der Distanz zwischen Paris und London. Auf dem Luftbild von oben gesehen fallen vor allem seine vielen Nebenarme auf, die sich wie ein Lebensbaum verzweigen. Und es drängt sich der Vergleich mit dem menschlichen Nervensystem auf, wobei der Hauptstrom analog der Wirbelsäule gesehen werden kann.

Das Amazonasgebiet umfasst den grössten und ältesten tropischen Regenwald unseres Planeten und beherbergt eine unendlich erscheinende Vielfalt an Lebensformen. Der Amazonas ist auch die Heimat zweier Flussdelphinarten, des rosaroten Delphins oder Boto und des etwas kleineren Amazonas-Sotalia, der zu den kleinsten Cetaceen zählt.

Betrachten wir den Aufbau des menschlichen Körpers, so stellen wir fest, dass wir aus zwei spiegelgleichen Seiten bestehen und unsere Mittelachse wie eine Spiegellinie entlang der Wirbelsäule verläuft. Auf dieser Spiegelachse befinden sich auch unsere Chakren (energetische Trichteröffnungen, über die wir mit der Erde und den kosmischen Energien verbunden sind).

Blicken wir von aussen auf unseren Planeten, so sehen wir auch hier wieder diese Aufteilung in zwei Hälften. Vom Äquator ausgehend, der die Spiegelachse unseres Planeten darstellt, schliessen sich sowohl nach Norden als auch nach Süden die Klimazonen – Savannen, Steppen, Wüsten, gemässigte Zonen, Polarzonen – an, bis hin zum Nord- und Südpol. Die Analogie ist deutlich zu erkennen, umso mehr, als auch die Hauptenergiezentren der Erde sich in den Tropen befinden. Der Bereich der tropischen Regenwälder birgt die Hauptlagerstätten der Kristalle und Edelsteine unseres Planeten und den Lebensraum unendlich vieler Pflanzen und Tiere. Entlang des Äquators finden sich zudem die Korallenriffe, die „Regenwälder der Meere".

So gesehen entspricht der Amazonas, der parallel zum Äquator fliesst, der „Wirbelsäule" unseres Planeten. So verwundert es nicht, dass die Amazonas-Essenz hilft, Energieflussstörungen in der Wirbelsäule, aufzulösen.

Astrologie:

Die „Geburtsschwingungen" der Delph- und der Wal-Essenz

Horoskop der Delph-Essenz

Astrologische Betrachtung von Dr. phil. Monika Renner

Die Qualität des Zeitpunktes einer Geburt prägt Wesen und Eigenart eines Menschen. Auf diesem Prinzip beruht die Astrologie. Doch gilt dies nicht nur für Menschen – alles trägt den Stempel der Geburtsschwingung, so auch eine Essenz.

Die Delph-Essenz kam am 22. Dezember 1991 in Cartagena in Kolumbien „zur Welt". Das nebenstehende Horoskop zeigt die astrologischen Gegebenheiten zu diesem Zeitpunkt.

Ein Blick auf die Aspektbeziehung zwischen den Planeten lässt ausgeglichene Energien erkennen. Vitale Dynamik und flexible Neugierde, spielerisch anmutendes Talent und ruhiger Fluss – es ist alles da. Es dominieren bewegliche Strukturen, ein deutlicher Hinweis (von mehreren) auf das wesentliche Motiv der Delph-Essenz: Liebe und Verständnis. Der Schwerpunkt der Energie ballt sich in wenigen Bereichen bzw. Achsenthemen: Diese Schwingung repräsentiert die Fähigkeit und den Wunsch zur Transformation des Ausdrucks von Gefühlen; einen bewussten mentalen Zugang zum kollektiven Überwie Unterbewussten und die Fähigkeit, dieses Wissen in einer Form mitzuteilen, die jedes Wesen erreicht. Deutlich sichtbar ist auch die Kraft zur Heilung von Angst und die Übermittlung eines neuen Gruppenbewusstseins, eines fürsorglichen, grosszügigen und bedingungslosen Teilens der eigenen Kraft mit allen. Die Delph-Essenz spiegelt in ihrer Geburtsschwingung das Ziel, fürsorgliche Liebe und vertrauensvolle Akzeptanz für alle Wesen bereitzuhalten, die danach suchen. Sie spricht in ihrer Symbolik von der emotionalen Heilung durch Geborgenheit schenkende Nähe, offenen, herzli-

22.12.1991,
23.55 Uhr
Cartagena (Co)

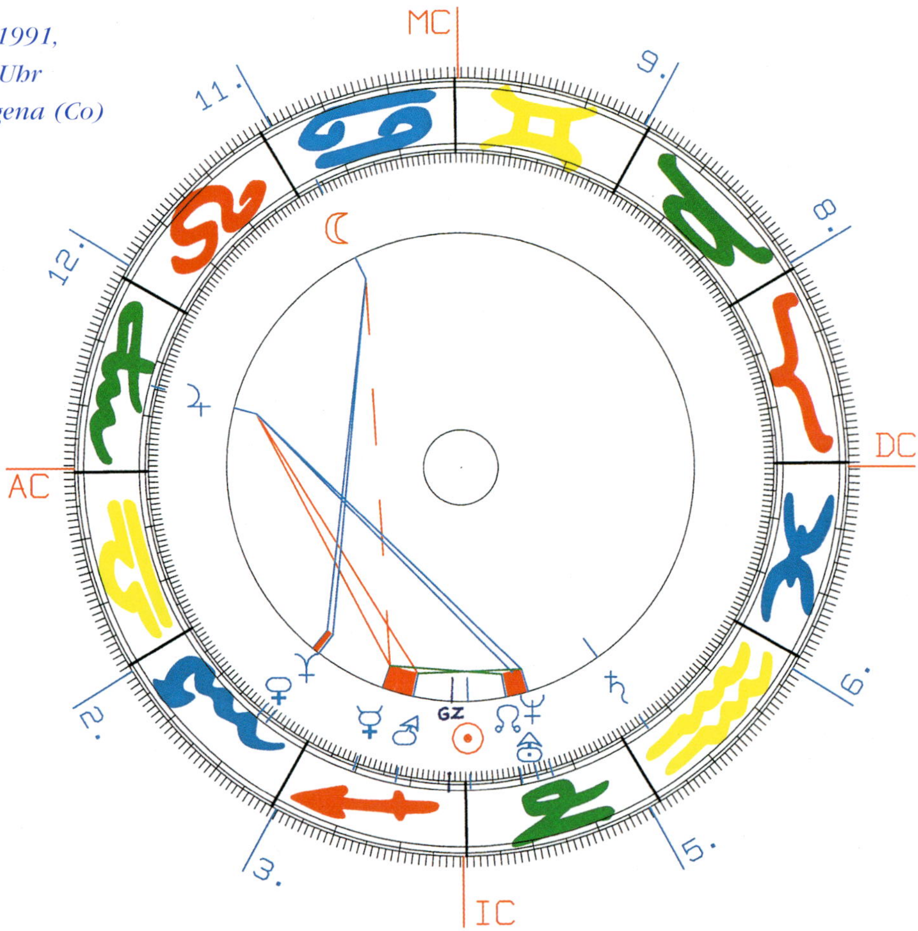

Horoskop-Zeichnung: Astrodata, Zürich (CH)

chen Kontakt und schützende Zugehörigkeit ohne Zwang, in Freiwilligkeit und Eigenverantwortung.

Hier spiegelt sich die Liebe zum Leben, das Wissen um die Geburt ins physische Dasein: Der absteigende Mondknoten wie auch der helle Mond stehen im Krebs, dem „Tor zur Inkarnation". Der aufsteigende Mondknoten im Steinbock, im Stellium mit der Uranus-Neptun-Konjunktion, signalisiert eine klare Botschaft, bei deren Entwicklung uns die Delph-Essenz helfen kann: Ihre Schwingung initiiert uns und öffnet unsere Sinne für die Wahrnehmung unserer Verbundenheit mit allem Lebendigen, wie auch für unsere Verantwortung für den Schutz des Lebens. Sie kann uns helfen, emotionale Verletzungen zu heilen, die durch fehlende Einfühlsamkeit unserer familiären Umgebung, durch Einsamkeit oder den erlittenen Verlust von Vertrauen entstanden sind. Diese Heilung kann dadurch geschehen, dass die Schwingung dieser Essenz uns die Bewusstwerdung dieser Verletzungen erleichtert. Sie kann uns zur Wiederherstellung der eigenen Integrität führen, zur heilsamen Annahme unserer sexuellen Kraft und zur spielerischen Freude am sinnlichen, körperlichen Dasein. Wer sich von der Delph-Essenz helfen lässt, erfährt über Jupiter als Übermittler der Energien des Galaktischen Zentrums (in Konjunktion mit der Sonne) Hilfe bei der Bewusstmachung und Heilung seiner wunden Punkte. Hier ist ein Wissen angezeigt, das unsere alltäglichen Vorstellungen sprengt, gleichzeitig aber auf die Ebene der Spontaneität und des fröhlichen, unbefangenen und harmlosen Ausdrucks von Sinnlichkeit und Lebensfreude verweist. Damit sind viele Qualitäten angesprochen, die Kindern zu eigen sind, denen von Anfang an mit liebe- und verständnisvoller Akzeptanz und Herzenswärme begegnet wurde. Dies zeigt – neben den Stellungen im fünften Haus -, dass die Essenz viel mit dem verantwortungsbewussten Schutz und der verbindlichen Partnerschaft zu tun hat, die unsere inneren und äusseren Kinder nötig haben.

Die Delph-Essenz enthält die Energie einer kreativen Intelligenz, die Idealismus mit Tatkraft verbindet und für uns alle ein Wegbegleiter sein kann zum Ziel des Lebens, dem glücklichen Dasein. Delphine waren neben der Taube stets das Symbol der Göttin, einer liebevollen, lebensfrohen, lebensbejahenden Energie, deren Schutz und Hilfe Menschen in der Vergangenheit suchten und die sie in der Gegenwart wiederentdecken.

Horoskop der Wal-Essenz

Die Wal-Essenz wurde am 24. Dezember 1996 in San Sebastian „geboren" bzw. erschaffen. Beim Blick auf die Vernetzung der Planeten im nebenstehenden Horoskop wird die ungeheure Kraft dieser Essenzschwingung deutlich: Ein vor Energie strotzendes Gefüge von 90°-Winkeln im kardinalen Kreuz signalisiert eine überzeugende Mischung aus unbeirrbarer Zielstrebigkeit bei einem gleichzeitig vorhandenen machtvollen Kraftstrom von grosser Ausdauer.

Dieser Antrieb entspringt der Fürsorge um das Leben selbst, der Liebe zum Leben, die bereit ist, alle im Kosmos vorhandene kreative Intelligenz verantwortungsvoll zum Schutz und zur Heilung der Erde und der in Symbiose mit ihr lebenden Wesen des Mineral-, Pflanzen- und Tierreichs und der Menschen einzusetzen. Wale können uns durch ihre Essenz die Schwingung der Liebe zu allem Lebendigen lehren. Die Signatur der Wal-Essenz verweist uns auf unsere gemeinsame Verantwortung, liebevoll und leidenschaftlich zugleich all unser erworbenes intellektuelles Wissen einzusetzen, um einen Ausgleich zwischen unseren persönlichen Wünschen und den Gesetzen der Natur zu schaffen. Die Wal-Essenz kann uns helfen, uns auf die Frequenz des Respekts vor dem Leben in jeder Form einzuschwingen.

Sie spricht in ihrer Geburtssymbolik von der Notwendigkeit, die Stimme zu erheben. Dies tut sie mit dem Klang von Trompeten und Posaunen – bildlich gesprochen -, denn dem Planeten Merkur als „His Masters Voice" stehen gleich vier weitere Himmelskörper zur Seite. Wie schon bei der Delph-Essenz steht auch hier die Sonne nahe dem Galaktischen Zentrum, und die Transmitterstation Jupiter befindet sich gleich neben Merkur. Diese Stimme erklingt mit der Weisheit und Führung des Kosmos, spiegelt die Sehnsucht nach der Harmonie der Sphären ebenso wider wie die Aufforderung, die Zyklen des Lebens und die Würde und Integrität der For-

24.12.1996,
18.56 Uhr
San Sebastian
(E)

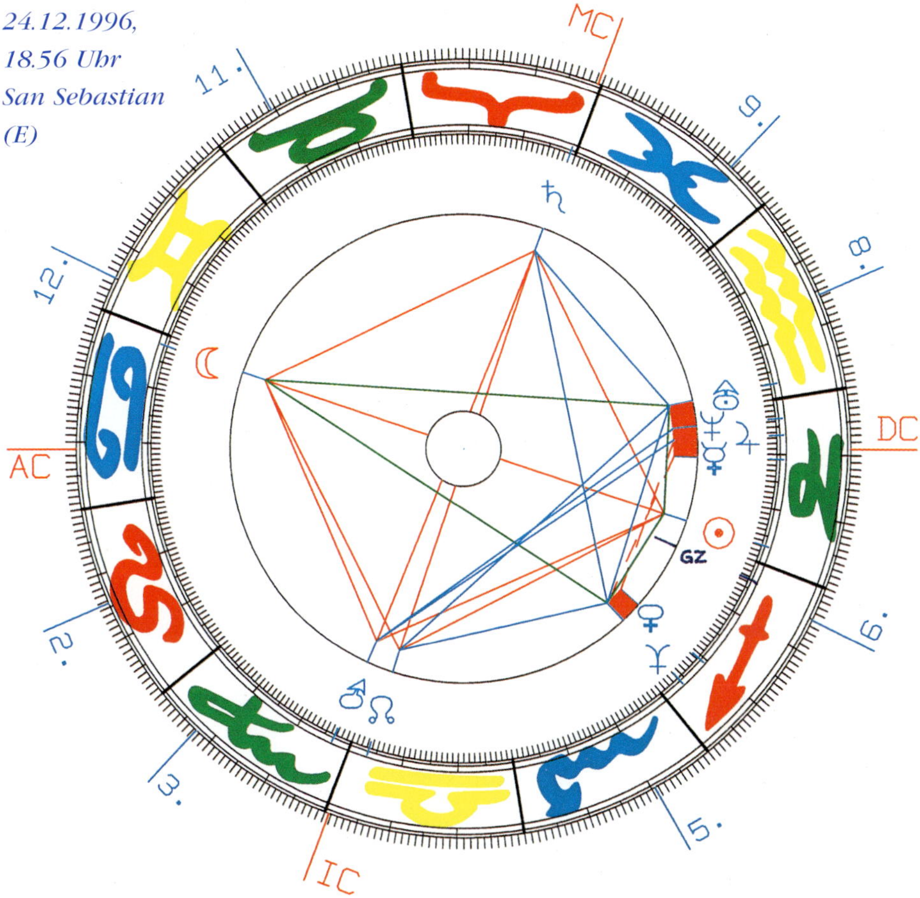

menvielfalt der Natur zu achten. Sie ruft uns zu, unsere emotionale Angst, es sei nicht genug da für alle, loszulassen und uns unsere intuitive, kreative Intelligenz mit aller Willensstärke dafür einzusetzen, die Wunden zu heilen, die in der Vergangenheit aufgerissen wurden.

Ein neuer Einsatz der Technik mit Ethik, geboren aus dem freien Willen der Überzeugung und dem intensiven Wunsch nach einem

Horoskop-Zeichnung: Astrodata, Zürich (CH)

sinnvollen Leben, spiegelt sich als Möglichkeit in der Prägungsstruktur der Wal-Essenz. Von dem heilsamen, starken Wunsch der gemeinsamen Erkenntnis, dass es Heilung und Harmonie in Wirklichkeit nur für alle oder für keinen geben kann und von leidenschaftlicher, ja opferbereiter Liebe ohne Wenn und Aber und fürsorglichem Schutz für die Wesen, die schwächer erscheinen im Spiegel des menschlichen, intellektuellen Willens – auch davon spricht, ja singt die Essenz. Es ist im Zeichen des Steinbocks ein geduldiger, beharrlicher Gesang voller Musikalität, voller sinnlicher Freude am Dasein, voller Wissen um die Macht des Klangs in Bezug auf die Materie.

Diese Schwingung rüttelt an unseren Mauern aus Angst, Neid, Eifersucht, Habgier, Verachtung und Stolz. Sie ruft uns auf, uns als mitfühlende, sensitive Wesen zu entdecken oder bestärken zu lassen, einzustimmen in den Chor des Lebens – aus Liebe zum Leben. Schenke allem, dem Du begegnest, Deine Anteilnahme und Akzeptanz, und diese Energie wird zu Dir zurückkehren. Es ist, als würden wir mit dieser Essenzenschwingung aufgerufen, zurückzufinden zu grenzenlosem Vertrauen, zu liebevoller Geborgenheit und zu kindlicher Harmlosigkeit. In dieser Haltung steckt die ungeheure Kraft, die das Horoskop des Geburtsmoments der Wal-Essenz ausstrahlt. Diese Botschaft der Wale können wir empfangen, wenn wir diese Symbolstruktur studieren.

Dr. phil. Monika Renner

Anhang:

Eine Auswahl an CDs mit Delphin- und Walgesängen

- Acama, Pacific Symphony, Ethic 196 101 (Musik mit Wal- und Delphingesängen)
- Adiemus, Akropolis Musik
- Gibson, Dan, Journey With The Whales, CDG 120 (Musik mit Gesängen von Buckelwal, Orca, Narwal und Beluga)
- Larkin, O'CEAN, Sona Gaia CD 131 (Flöte und Synthesizer mit Buckelwalgesängen)
- Le Mystérieux language des dauphins, Ellebore, Paris (Delphin-Kommunikation)
- Michell, Christa, Dreamtime Dolphin, CD 8228 (Delphinstimmen, Wogenrauschen und klassische Musik)
- Neuber, Hans Peter, Sinfonie der Wale, 63100 (Harmonische Musik mit Walgesängen)
- Oldfield, Terry, Out Of The Depths, NWCD 252 (Flöte, Stimme und Walgesänge)
- Projekt Erde – Mysterious vibrations, CMS Musik
- Ramjoué, Michael, Water Visions, CD 1231 (Wasser, Wale, Bewegung, Zeitlosigkeit, phantasievoll und entspannend)
- Schramm/Kvarnström, Gentle Giants – Orcius Orca, CD 5811 (Dialog zwischen Piano und Walstimmen)
- The Wild Dolphin Project, Dance Of The Dolphin, AD 101 (Delphin-Kommunikation, reine Naturaufnahmen von Delphinen in Gruppen, beim Spielen, Füttern, Mutter und Junge, nachts usw.)
- Winter, Paul, Callings, CD 2401 (Wale werden von Gitarre, Saxophon usw. begleitet, lebensfroh und humorvoll) [13]

13) Wenn Sie Schwierigkeiten haben sollten, diese CDs zu bekommen, können Sie diese über den Verlag bestellen.

Empfehlenswerte Literatur

- Alber-Klein, Dr. med. Cordelia, und Homberger, Regina: ***Bach-Blüten und neue Blütenessenzen***, Gräfe & Unzer-Verlag, München, 1997
- Bach, Dr. Edward: ***Gesammelte Werke von der Homöopathie zur Bach-Blütentherapie***, Aquamarin, Grafing, 1994
- Breier, Ralf und Reiter, Jörg: ***Delphingeschichten***, Verlag Kiepenheuer & Witsch, Köln, 1992;
  Delphinstrategien – Managementstrategien in chaotischen Systemen, Paidia Verlag, Fulda, 1992
- Dobbs, Horace: ***Delphine***, Sphinx Verlag, Basel, 1993
- Fasching, Gerhard: ***Sternbilder und ihre Mythen***, Springer Verlag, Wien, 1993/94
- Gurudas: ***Heilung durch die Schwingung der Blütenessenzen***, Verlag Gesundheit & Entwicklung, Schaffhausen, 1996
- Johnson, Steve: ***Alaska Blütenessenzen***, Verlag Gesundheit & Entwicklung, Schaffhausen, 1996
- Korte, Andreas und Hofmann, H.: ***Orchideen, Edelsteine und ihre heilenden Energien***, Bauer Verlag, Freiburg, 1992
- May, John: ***Das Greenpeace-Buch der Delphine***, Interbook Verlagsgesellschaft mbH, Hamburg, 1990,
- McIntyre: ***Der Geist in den Wassern***, Verlag, Zweitausendeins, Frankfurt, 1982
- Nollman, Jim: ***Die Botschaft der Delphine***, Ullstein Verlag, Frankfurt/M, 1989
- Reader's Digest: ***Whales, Dolphins and Porpoises***, Australien, 1997
- Weeks, Nora: ***Edward Bach***, Irisiana, München, 1993

Delphinseminare mit Andreas Korte

Das Gefühl der Einheit erleben

Die Seminare finden an verschiedenen Orten in Deutschland, der Schweiz und auf den Kanarischen Inseln statt.

Zwischen Gomera und Teneriffa leben verschiedene Delphin- und Walarten, wie zum Beispiel die Pilotwale. Während des Seminars werden Sie durch Blütenessenzen und speziell durch die Delph-Essenz gezielt auf eine sensible Begegnung mit den Bewohnern der Meere vorbereitet. Seit 1992 führt Andreas Korte Seminare zum Thema Delphine und Wale durch, um in den Menschen einen neuen Respekt und ein neues Bewusstsein für die Natur zu wecken. Es ist ein tiefes und ergreifendes Erlebnis, Delphinen und Walen im offenen Meer zu begegnen und die Interaktion zwischen Mensch und Tier zu erfahren.

Informationen:

Korte PHI-Essenzen-Seminare
Hauptstrasse 9
D-78267 Aach
Tel: (0049) 07774 - 70 04
Fax: (0049) 07774 - 7009
Internet: www.floweracademy.com
E-mail: Korte.PHI@t-online.de

Bezugsadressen für Delph-, Wal-Essenz und andere PHI-Essenzen

Hersteller

Korte PHI Essenzen
Hauptstrasse 9 · D-78267 Aach
Tel.: (07774) 7004 · Fax (07774) 7009
E-mail: Korte.PHI@t-online.de

Bezugsadresse Schweiz:

Chrüter Drogerie Egger
Unterstadt 28 · CH-8202 Schaffhausen
Tel.: (0041) 52 - 6245030
Fax: (0041) 52 - 6246457
Vertrieb der PHI-Essenzen, Organisation von Seminaren mit Andreas Korte

Bezugsadresse Österreich:

Berthold-Apotheke
Garsten, Österreich
Tel.: (0043) 7252 - 531310
Fax: (0043) 7252 - 531316

Ausbildung für Blütenessenzen-Testmethoden

Blütenakademie
Homburger Landstrasse 767
D-60437 Frankfurt
Tel.: (069) 95000080
Mittwoch 18-20 Uhr
Fax: (069) 95000081

Für ökologisch orientierte Bootsfahrten

Zum Beispiel:
Club de Mar -
Capitano Claudio und Bernd Brederlau
El Puerto, Valle Gran Rey
La Gomera, Kanarische Inseln
Tel.: (0034) 922 - 805759
Fax: (0034) 922 - 805678
Fax: (0034) 922 - 806065

Delphinbegegnungen:

Gesundheitspraxis Vitalis
Ireanah Haug
Postfach 3045
CH-6002 Luzern
Tel.: (041) 3612626
Fax: (041) 3404088

Delphin- und Walbeobachtung im Mittelmeer:

Cetus &
Praxis für Aquatische Körperarbeit
Cathy Frischknecht
Rosentalstrasse 45
CH-8400 Winterthur
Tel: (0041) 52 - 2121781
Cetus ist ein Verein mit Hauptsitz in Frankreich, der sich für den Schutz von Delphinen und Walen im Mittelmeerraum einsetzt. Ausserdem bietet die Organisation in den Sommermonaten

Segelturns im Mittelmeerraum an, um den Menschen ein neues Bewusstsein zu vermitteln, was es bedeutet, Delphinen und Walen in der Freiheit und mit Respekt zu begegnen.

Delphinbegegnungen in Israel:

Dolphin Reef Eilat
Southern Beach
P.O. Box 104
Eilat, 88100 - Israel
Fax (0097) 27 - 6375921
e-mail: reef@netvision.net.il
Internet: www.dolphinreef.co.il

Weitere Möglichkeiten bei Delphinschutzorganisationen erfragen.

Für Delphinschutz

Delphine im allgemeinen:
Arion e.V.
Weichselstrasse 20
10247 Berlin
Tel.: (030) 2928033

Britische Tierschutzorganisation:
International Fund For Animal Welfare (IFAW)
Tubwell House, New Road
Crowborough
East Sussex TN6 2QH
United Kingdom

Britische Wal- und Delphinschutzorganisation:

Whale and Dolphin Conservation Society (WDCS)
20 West LEE Road
Bath, Avon, BA1 3RL
United Kingdom

Internationale Walfang-Kommission:

International Whaling Commission (IWC)
The Red House
135 Station Road, Histon,
Cambridge CB4 4NP
United Kingdom
Fax: (0044) 223 - 232876

Weitere Adressen

Institut für Kommunikation
und Gehirnforschung
Günter Haffelder
Stuttgarter Strasse 134
D-70469 Stuttgart-Feuerbach
Tel.: (07 11) 8 17 98 38
Fax: (07 11) 8 17 98 39

Institut für Symbolpsychologie
Dr. phil. Monika Renner
Alicenstrasse 1
D-64293 Darmstadt
Tel:: (0 61 51) 29 24 90
Fax: (0 61 51) 27 29 06
Persönlichkeits-, Partnerschafts-, Familien- und Teamanalysen, Studien-, Berufs- und Personalberatung, Mental-, Kreativitäts- und Entspannungstraining, Farb-, Klang- und Essenztherapie, Vorträge, Seminare und Publikation

Fotonachweis:

Bernd Brederlau, Calle La Palomera Nr. 43, 38870 Valle Gran Rey, La Gomera: Seite 13, 20, 21, 24, 35o, 35u, 66, 67u, 84, 96, 97, 99, 100, 102, 103, 122, 124, 128o, 128u, 130, Rückseite (2 Bilder).
Andreas Korte: Seite 10, 14, 15, 16, 27, 40, 50, 67o, 69, 91, 92, 107, 108u, 109li, 109 re, 110o, 110m, 110u, 139.
Ursula. und Johannes. Schätz: Seite 19, 36, 41, 87, 134.
Verlag: Seite 6, 39, 82, 86li, 90, 108o, 108m, 109o.
Manuela Matzinger: Seite 9, 17, 113.
Ireanah Haug: Seite 29, 30, 31, 32.
Cathy Frischknecht: Seite 94, 115.
Andrea + Reto Egger: Seite 38o, 38u, 78.
Dr. phil. Monika Renner: Seite 34, 86re.
Michelle Sanglier, 151 Rue de Charonne, 75011 Paris: Seite 65, 117, Titelfoto.

Gurudas

HEILUNG DURCH DIE SCHWINGUNG DER BLÜTENESSENZEN

18 x 23 cm, gebunden, 416 Seiten
Sfr. 48.50/DM 57.50/öS 398.–
ISBN 3-9520830-2-X

Dieses Werk von Gurudas stellt in derselben Ausführlichkeit und Tiefgründigkeit, wie schon seine beiden Bände über Edelsteinelixiere, die Kunst der Anwendung von Blütenessenzen in Theorie und Praxis vor. Die Informationen zum Buch stammen aus universellem Urwissen und haben sich durch praktische Erfahrungen von Anwendern auf der ganzen Welt bestätigt.

Neben Grundlegendem über Zubereitung, Anwendung und Wirkungsweise der Essenzen werden über hundert Blütenessenzen detailliert vorgestellt. Eine grosse Zahl von übersichtlichen Zuordnungstabellen (über 140 Krankheitsbilder, 180 psychische Zustände, 120 Körperregionen usw.) machen dieses Buch zu einem einmaligen praktischen Kompendium sowohl für den Laien als auch den Berater.

«Wenn die in diesem Buch enthaltene Information richtig eingesetzt wird, beinhaltet sie das Potential, einen bedeutsamen Entwicklungsschritt in der Schwingungsmedizin im Westen einzuleiten, besonders auf dem Gebiet der Heilung durch Blütenessenzen. Die Ergebnisse dieser Forschungsarbeit enthüllen uns ein überaus spannendes und tiefreichendes Wegstück zu vollkommener Gesundung für jeden einzelnen wie auch für unsern Planeten als Ganzes.» (Gabriel Cousens im Vorwort)

Aus dem Inhalt

- Herstellung, Aufbewahrung und Reinigung von Blütenessenzen
- Blütenessenzen in alten Kulturen
- Diagnose- u. Verstärkungstechniken
- Detaillierte Beschreibung von 112 Blütenessenzen
- Die Beziehung von Blütenessenzen zu homöopathischen Mitteln, Kräutern und Edelsteinelixieren
- 13 Tabellen zur Wirkungsweise auf Krankheiten, psychische Zustände, Chakren, Miasmen, Meridiane usw.

Gesundheit & Entwicklung

Gurudas

Heilung durch die Schwingung der Edelsteinelixiere

Band 1

14,5 x 21 cm, broschiert, 500 Seiten
Sfr. 39.80/DM 49.–/öS 335.–
ISBN 3-9520830-0-3

Band 2

14,5 x 21 cm, broschiert, 308 Seiten
Sfr. 35.70/DM 43.80/öS 297.–
ISBN 3-9520830-1-1

Der erste Band beschreibt die Wirkung und die Unterstützung der Edelsteinelixiere in ihrer ganzen Vielfalt: Energetische Stärkung und Harmonisierung der Organe, z.B. Leber, Nieren, Drüsen und deren Funktionen • Energetische Hilfe zur verbesserten Resorption/Nahrungsaufnahme sowohl im allgemeinen als auch unter Berücksichtigung der Vitamine, Mineralstoffe, Enzyme etc. • Edelsteinelixiere und deren Zusammenhang mit den homöopathischen Miasmen • Edelsteine und deren Hilfe bei der Analyse und Therapie psychologischer Probleme • Auf welchen Körperteilen Edelsteine am wirkungsvollsten getragen werden • Edelsteine und deren harmonisierende Wirkung auf unsere feinstofflichen Körper • Edelsteinelixiere im Vergleich zu Blütenessenzen.

Auf mehr als 100 Tabellenseiten werden die Edelsteinelixiere und deren Wirkungen übersichtlich dargestellt und erleichtern dem Anwender das schnelle Auffinden.

Aus dem Inhalt

Band 1

- Grundwissen und praktische Verwendung von Edelsteinen in der Geschichte und bei Urvölkern
- Richtiges Zubereiten von Edelsteinelixieren, Konservierung und Lagerung
- Ausführliche Beschreibung der Wirkungsweise von 144 Edelsteinelixieren
- Edelsteinelixiere kombinieren mit Blütenessenzen
- 100 Seiten praktische Tabellen über die Wirkungsweise der Edelsteine auf Krankheiten, seelische Zustände, Nährstoffverarbeitung, Zellebene, Chakren usw.
- Erfahrungen und Fallbeispiele aus der Praxis

Band 2

- Theoretische Zusammenhänge und weiterführende Informationen über die Edelsteintherapie in Verbindung zu Elixieren
- Quarzkristall-Techniken
- Beziehung und richtige Anwendung mit Blütenessenzen, Homöopathie und Kräutern
- Bädertherapien und Edelsteinelixiere
- Anwendung bei der Geburt, bei Tieren,in der Farbtherapie, in der Landwirtschaft usw.
- Neue Physik der Edelsteine
- Astrologie und Edelsteinelixiere
- Edelsteinelixiere für unsere spirituelle Entwicklung, Mandala, Talismane usw.

Gesundheit & Entwicklung

Steve Johnson

ALASKA-BLÜTENESSENZEN

Mit Beschreibung von 12 Umweltessenzen und 48 Edelsteinelixieren

21,5 x 29 cm, gebunden, 216 Seiten
mit vierfarbigen Fotoseiten
Sfr. 43.50/DM 53.40/öS 365.–
ISBN 3-9520830-3-8

Das riesige, dünnbesiedelte Alaska ist reich an ausgedehnten, unberührten Tundra- und Waldflächen mit einer Vielfalt von Pflanzen in verschiedenen Lebensbereichen. Diese Pflanzen passten sich im Laufe von Äonen an extreme Umweltbedingungen hinsichtlich Temperatur und Licht an und entwickelten dadurch eine Stärke, Energie und Vitalität, die sie von Pflanzen anderer Länder unterscheiden. Die aus ihnen hergestellten Essenzen sind besonders geeignete Träger der Pflanzenheilenergien und in ihrer Wirkung kraftvoll und klar.

Als wegweisende neue Kategorie von Essenzen beschreibt dieses Buch zwölf Umweltessenzen. Diese sind Träger der Energien von Kraftplätzen und Naturerscheinungen Alaskas (Polareis, Nordlicht usw.) und haben eine aussergewöhnlich reinigende und transformierende Wirkung.

Schlüsselbegriffe, Indikationen und ein ausführlicher Suchindex bieten nützliche Hilfen, um Klarheit über die persönliche Thematik zu gewinnen. Mit über hundert Illustrationen und Farbfotos ansprechend gestaltet und in gut verständlicher Sprache verfasst, eignet sich das Buch auch für den Einstieg ins Gebiet der Essenzen.

Aus dem Inhalt

- Die sieben Anwendungsebenen der Alaska-Essenzen
- Anwendung für Tiere und Pflanzen
- Ausführliche Beschreibung der 72 Alaska-Blütenessenzen mit Illustrationen
- Beschreibung der 12 Umweltessenzen und 48 Edelsteinelixiere
- Schlüsselbegriffe und Affirmationen
- Ausführlicher Suchindex mit 95 Stichworten zum Auffinden der geeigneten Essenzen

Gesundheit & Entwicklung

Hedi Meusburger
Christian Sidler

KLASSISCH-HOMÖOPATHISCHE NOTFALL-HILFE

13 x 19 cm, zweifarbig, broschiert
168 Seiten, illustriert,
Sfr. 24.80/DM 28,50/öS 198,–
ISBN 3-9520830-5-4
KLEINFORMATAUSGABE
8,2 x 12cm, Sfr. 15.80/DM 18,90/öS 138,–
ISBN 3-9520830-6-2

Ein «falscher Tritt» bei einer Wanderung, eine Unachtsamkeit auf der Strasse, Schreie aus dem Kinderzimmer – der alltägliche kleine oder auch grössere Notfall kann den lähmenden Schrecken verlieren, wenn uns ein Ratgeber zur Seite steht, der aufzeigt, was zu tun ist.

Das homöopathisch und naturheilkundlich praktizierende Autorenteam Hedi Meusburger und Christian Sidler hat ein praxisorientiertes Nachschlagewerk geschaffen, das eine Vielzahl solcher Notsituationen und entsprechende Massnahmen beschreibt. Eine Besonderheit dieses Taschenbuchs liegt darin, dass es den Einsatz von Homöopathie in Kombination mit herkömmlichen Notfallmassnahmen in übersichtlicher, leicht verständlicher Weise darstellt.

Der erste Teil erläutert die Anwendung und Wirkungsweise von Homöopathie und beantwortet Fragen rund um deren Einsatz. Die illustrierten Erste-Hilfe-Massnahmen im Hauptteil werden ergänzt durch Hinweise und Tips aus alternativer Heilkunde. Ein A-Z-Register der Symptome enthält neben den Einsatzmöglichkeiten der Klassischen Homöopathie psychosomatische Denkanstösse und Hinweise auf naturheilkundliche Ergänzungsmassnahmen.

Ein Kapitel mit homöopathischen Mittelbildbeschreibungen listet die wichtigsten Leitsymptome eines Mittels auf sowie die während der Einnahme zu meidenden Substanzen. Den Abschluss bilden ein Lexikonanhang mit Begriffserläuterungen und natürlich ein ausführlicher Index zum raschen Auffinden der gesuchten Notfall-Hilfe.

Aus dem Inhalt

- Rettungsgriffe und Erste-Hilfe-Massnahmen, herkömmlich und alternativ
- Symptome von A wie Augenverletzungen bis Z wie Zeckenbiss
- Viele praktische heilkundliche Tips
- Leitsymptome und Antidoten der 48 wichtigsten homöopathischen Mittel
- Praktischer Beschwerden-Index mit über 350 Begriffen zur raschen und sicheren homöopathischen Mittelfindung

GESUNDHEIT & ENTWICKLUNG